Die täglichen

Losungen

und Lehrtexte
der Brüdergemeine
für das Jahr 2025

295. Jahrgang

Ausgabe für die Schweiz

Herausgegeben von der
Herrnhuter Brüdergemeine Herrnhut und Bad Boll
und von der Herrnhuter Brüdergemeine in der Schweiz
im Friedrich Reinhardt Verlag, Basel

Herrnhuter Brüdergemeine in der Schweiz
Leimenstrasse 10
4051 Basel
Telefon 061 273 40 70
Fax 061 273 40 73

E-Mail: info@herrnhuter.ch
Internet: www.herrnhuter.ch

ISBN 978-3-7245-2679-7

Impressum:
Die Losungen werden zusammengestellt und textlich verantwortet von der Direktion der Brüder-Unität
in Herrnhut und Bad Boll.
Umschlag: nach einer Vorlage von Frère Marc

Das Werk einschliesslich all seiner Teile ist urheberrechtlich geschützt. Ein Nachdruck, auch auszugsweise, ist nur mit Genehmigung der Direktion der Brüder-Unität oder des Rats der Herrnhuter Brüdergemeine in der Schweiz gestattet.
Dies gilt insbesondere für Vervielfältigungen, Übersetzungen, Mikroverfilmungen und die Einspeicherung und Verarbeitung in elektronischen Systemen.

© 2024 Friedrich Reinhardt Verlag, Basel.
Alle Rechte vorbehalten.

WAS WOLLEN DIE LOSUNGEN?

Liebe Leserinnen und Leser!

Sie halten das Losungsbuch in der Hand, das die Herrnhuter Brüdergemeine herausgibt. Es ist ein Andachtsbuch für jeden Tag; in ihm finden Sie an jedem Tag zwei kurze Bibelworte aus dem Alten und dem Neuen Testament, die aufeinander bezogen sind, dazu ein Lied, ein Gebet oder ein kurzer Text an als Antwort oder Fortführung. Damit wollen die Losungen Leitworte durch den Tag sein, die uns ansprechen, aufbauen und herausfordern. Daher kommt auch der Name.

Seit langem gibt es für die Schweiz eine eigene deutschsprachige Losungsausgabe, die das kirchliche Umfeld berücksichtigt. Die Bibelworte sind in allen Losungsausgaben identisch. Die sogenannten Dritt-Texte können abweichen; viele zusätzliche Angaben sind an das Schweizer Umfeld angepasst. Die Losungen sind ein internationales Buch; es gibt sie um den Erdball in etwa 60 Sprachen. So verbinden die Bibelworte Menschen über Sprach- und Kulturgrenzen hinweg. Gottes Wort spricht mit diesen Worten in unser Leben hinein, manchmal ganz sanft, manchmal ganz deutlich.

Daneben finden Sie kirchliche Zusatzinformationen in dem Buch: aus der Ökumene zwei Bibelllesereihen, Gedenktage und hilfreiche Angaben für das gottesdienstliche Leben. Wenn Sie die Losungen noch nicht kennen, lohnt sich das Durchlesen der Angaben zum Aufbau!

Ein Leitwort ist auch die so genannte Jahreslosung. Dieses Bibelwort gibt die Ökumenische Arbeitsgemeinschaft für Bibellesen heraus. Es lautet für das Jahr 2025:

Prüft alles und behaltet das Gute! 1. Thessalonicher 5,21

Im wahrscheinlich ältesten Text des Neuen Testaments kommt der Apostel Paulus auf verschiedene Themen zu sprechen. Am Schluss des Briefes stehen dann verschiedene Mahnungen und Hinweise, darunter dieses Wort. Es bleibt ungemein angesichts der Flut an Informationen und Desinformationen. Nicht alles gleich einfach übernehmen oder für wahr halten. Prüfen sollen und können wir. Gradmesser ist das, «was Christum treibet». Wir haben die Bibel, die Schrift, und darin zentral Jesus Christus als das eine Wort Gottes. Vielleicht reicht die schlichte Frage Martin Niemöllers: Was würde Jesus dazu sagen? Dann erkennen wir, wo die Liebe Gottes am Wirken, was gut für uns – und die anderen – ist. Beurteilen: ja, verurteilen: nein. Die Welt braucht das klare Zeugnis von uns Christen.

WIE ENTSTANDEN DIE LOSUNGEN?

Die Herrnhuter: Herausgeber der Losungen ist eine kleine weltweite Kirche, die Herrnhuter Brüdergemeine / Evangelische Brüder-Unität, zuhause auf vier Kontinenten. Entstanden 1457, war sie die erste protestantische Kirche Mitteleuropas in Böhmen und Mähren, besser bekannt als die «Böhmischen Brüder». Unduldsamkeit zwischen den Konfessionen führte zu langen Verfolgungszeiten; die politischen Entscheidungen nach dem 30-jährigen Krieg brachten dann das vorläufige Ende der Brüder-Unität.

Einige überlebende Mitglieder flohen von Böhmen und Mähren in die Oberlausitz (im Grenzbereich zu Polen und Tschechien). Dort gründeten sie vor etwas mehr als 300 Jahren (1722) auf dem Land des Grafen von Zinzendorf die Siedlung Herrnhut, um ihren Glauben zu leben, und wuchsen zu einer geistlichen Gemeinschaft zusammen. Später wurde daraus eine Kirche: die Erneuerte Brüder-Unität oder auch Herrnhuter Brüdergemeine. Ihre prägende Gestalt der Anfangszeit war Nikolaus Ludwig von Zinzendorf.

Hier in der Schweiz lebt die Brüder-Unität als Bewegung innerhalb der Kirchen in so genannten Sozietäten (etwa in Basel, Bern, Zürich oder Genf – dort englischsprachig), Freundeskreisen der Herrnhuter. Weitere Informationen können Sie unserer Website entnehmen:
www.herrnhuter.ch.

Entstehung der Losungen: 1728 entstand in Herrnhut 1728 in der Gemeinde die Praxis, täglich mündlich eine Bibel- oder Liedzeile von Haus zu Haus durch den Ort weiterzugeben. Das sollte geistliche Ausrichtung geben. Durch die starke Reisetätigkeit der jungen Bewegung war es bald nötig, die Losungen über einen längeren Zeitraum verfügbar zu haben. Deshalb entstand 1731 die erste gedruckte Fassung der Losungen.

Instrument der Mission: In diesen Jahren erfuhren die Einwohner Herrnhuts auch vom elenden Schicksal eines Sklaven aus der Karibik. Dies gab den Anstoss zur Mission. Viele waren bereit, zu leidenden Sklaven zu gehen und das Leben mit ihnen zu teilen. 1732 begann die Mission der Herrnhuter auf der Karibikinsel St. Thomas. Den Herrnhutern war als Glaubensflüchtlingen diese Sehnsucht vertraut, den Glauben in der eigenen Sprache und Kultur frei zu leben. So wurde das Leben vieler verändert. Die Missionstätigkeit setzte sich auf anderen Kontinenten fort; die Herrnhuter gingen vor allem dorthin, wo noch keine anderen Kirchen bestanden. Das Evangelium kam so in verschiedene Kulturen und Sprachen. Bald erschienen auch dort die Losungen und halfen beim Kennenlernen der Bibel. Sie bilden bis heute ein einigendes Band, denn der grösste Teil der Herrnhuter lebt in Afrika und Amerika. Die Mission der Herrnhuter in der Schweiz ist heute in Mission 21 integriert. Deshalb ist auch ein Einzahlungsschein für die Mission beigelegt.

Ökumene: Die Verbreitung des Losungsbuches über die Jahrhunderte geht weit über die Herrnhuter hinaus. Es ist ein ökumenisches Buch, das um den Erdball Christen in der Begegnung mit dem biblischen Text Tag für Tag verbindet, über Grenzen jeder Art hinweg. Der ökumenische Akzent wird auch in diesem Jahr durch den Umschlag besonders deutlich, wurde er doch speziell geschaffen vom anfangs 2024 verstorbenen Frère Marc, einem Künstler der Kommunität von Taizé; wir sind sehr dankbar darüber. Weltweit gibt es die Losungen in etwa 60 Sprachen von Afrikaans bis Zulu. Die Sprachen sind ersichtlich auf der zentralen Webseite: www.losungen.de. Bitte beachten Sie: Nur einige wenige fremdsprachige Ausgaben sind ohne weiteres erhältlich: die Ausgaben in Französisch, Italienisch, Spanisch und Englisch. Alle anderen werden meist in kleiner Auflage in dem Land der Sprache produziert; ein Bezug kann in keiner Weise garantiert werden!

MONATSSPRÜCHE

Die aus dem lutherischen Umfeld in Deutschland stammenden Monatssprüche können eine liturgische Hilfe sein für alle, die sie auch im Schweizer Kontext nutzen wollen:

Januar: Jesus Christus spricht: Liebt eure Feinde; tut denen Gutes, die euch hassen! Segnet die, die euch verfluchen; betet für die, die euch beschimpfen! *Lukas 6,27–28*
Februar: Du tust mir kund den Weg zum Leben. *Psalm 16,11*
März: Wenn bei dir ein Fremder in eurem Land lebt, sollt ihr ihn nicht unterdrücken. *3. Mose 19,33*
April: Brannte nicht unser Herz in uns, da er mit uns redete? *Lukas 24,32*
Mai: Zu dir rufe ich, Herr; denn Feuer hat das Gras der Steppe gefressen, die Flammen haben alle Bäume auf dem Feld verbrannt. Auch die Tiere auf dem Feld schreien lechzend zu dir; denn die Bäche sind vertrocknet. *Joel 1,19–20*
Juni: Mir aber hat Gott gezeigt, dass man keinen Menschen unheilig oder unrein nennen darf. *Apostelgeschichte 10,28*
Juli: Sorgt euch um nichts, sondern bringt in jeder Lage betend und flehend eure Bitten mit Dank vor Gott! *Philipper 4,6*
August: Gottes Hilfe habe ich erfahren bis zum heutigen Tag und stehe nun hier und bin sein Zeuge. *Apostelgeschichte 26,22*
September: Gott ist unsre Zuversicht und Stärke. *Psalm 46,2*
Oktober: Jesus Christus spricht: Das Reich Gottes ist mitten unter euch. *Lukas 17,21*
November: Gott spricht: Ich will das Verlorene wieder suchen und das Verirrte zurückbringen und das Verwundete verbinden und das Schwache stärken. *Ezechiel 34,16*
Dezember: Gott spricht: Euch aber, die ihr meinen Namen fürchtet, soll aufgehen die Sonne der Gerechtigkeit und Heil unter ihren Flügeln. *Maleachi 3,20*

ZUM AUFBAU DER LOSUNGEN

⑤

① **Du sollst nicht ehebrechen.**   *2. Mose 20,14*

② **Der Mann soll seine Frau nicht vernachlässigen, ebenso nicht die Frau ihren Mann.**   *1. Korinther 7,3*

③ Nun lass uns füreinander leben, einander lieben, wie du liebst, und mach uns fähig zu vergeben, wie du uns täglich neu vergibst. Sei du der Massstab und der Halt und gib dem Wollen auch Gestalt.
BG 897,2   Detlev Block

④

⑦ *Epheser 1,3–10*   ⑧ *Markus 2,18–22*

⑥

① **Losung des Tages:** Sie wird jedes Jahr in Herrnhut aus ca. 1800 alttestamentlichen Bibelversen ausgelost.

② **Lehrtext:** Er stammt immer aus dem Neuen Testament und wird, thematisch passend, zur Losung ausgesucht. Er stammt häufig aus der fortlaufenden Bibellese (siehe Pkt. 8). Losung und Lehrtext laden ein, die biblischen Texte in ihrem Zusammenhang zu lesen und zu verstehen.

③ **Dritter Text:** Er ist meistens ein Lied, Gebet oder ein bekenntnisartiger Text, der zum Gebet hinführen soll.

④ **Nummerierung und Verfasserangabe:** Die Nummer richtet sich nach dem Gesangbuch der Evangelisch-reformierten Kirchen. Ein BG vor der Nummer bedeutet, dass das Lied aus dem Gesangbuch der Herrnhuter Brüdergemeine stammt. Am rechten Rand ist der Verfasser genannt.

Ergänzende Angaben neben den Losungstexten:

a) An Sonn- und Feiertagen sind liturgische Angaben und Vorschläge zwischen Balken gesetzt. Hinzu kommt:

⑤ Über einem Tag können Angaben zu ökumenischen Anlässen stehen.

⑥ Unter einem Tag können Angaben zu besonderen Gedenktagen der Herrnhuter Brüdergemeine stehen.

b) Vorschläge zur täglichen Bibellese:

⑦ **Erste Lese:** aus den «Lesungen der Heiligen Schrift im Kirchenjahr, Lektionar für alle Tage», hg. von der Liturgischen Konferenz der EKiD. Sie ist auf das Thema der Woche bezogen und bildet mit den Angaben zum Sonntag (Wochenspruch, Lesungstexte, Predigtvorschlag) eine Einheit.

⑧ **Zweite Lese:** von der Ökumenischen Arbeitsgemeinschaft für Bibellesen (ÖAB), eine fortlaufende Bibellese, die in vier Jahren durch das Neue Testament und in acht Jahren durch die wichtigen Teile des Alten Testaments führt. Die ÖAB gibt auch die Jahreslosung und die Monatssprüche heraus.

JANUAR

NEUJAHR

Jesus Christus gestern und heute und derselbe auch in Ewigkeit. *Hebräer 13,8*
Lesungen: Lukas 4,16–21   Jak. 4,13–15   Psalm 19
Predigtvorschlag: Josua 1,1–9

1. Mittwoch   Sage nicht: «Ich bin zu jung», sondern du sollst gehen, wohin ich dich sende, und predigen alles, was ich dir gebiete. *Jeremia 1,7*

Paulus schreibt: **Ich schäme mich des Evangeliums nicht.** *Römer 1,16*

Dein Wort ist wahr und trüget nicht und hält gewiss, was es verspricht, im Tod und auch im Leben. Du bist nun mein, und ich bin dein, dir hab ich mich ergeben.
672,3   Johannes Eccard

2. Donnerstag   Menschenfurcht bringt zu Fall; wer sich aber auf den HERRN verlässt, wird beschützt. *Sprüche 29,25*

Fürchte dich nicht, du kleine Herde! Denn es hat eurem Vater wohlgefallen, euch das Reich zu geben.
Lukas 12,32

Und fürchte nicht Gewalt und Hass und Truggedanken. Treibt auch das Unrecht noch sein Spiel an manchem Ort. Es hat nur so viel Macht, wie Gott ihm zugedacht. Die Liebe hat am Ende doch das letzte Wort.
BG 112,3   Martin Gotthard Schneider
Josua 24,1–2a.13–18.25.26   Lukas 3,1–6

Januar

3. Freitag Sollte Gott etwas sagen und nicht tun? Sollte er etwas reden und nicht halten?
4. Mose 23,19

Jesus spricht: **Wer diese meine Rede hört und tut sie, der gleicht einem klugen Mann, der sein Haus auf Fels baute.** *Matthäus 7,24*

Herr, unser Glaube und unsere Hoffnung ist so schwach. Wir wagen es nicht, unser Leben ganz auf deine Verheissung zu setzen. Wir zweifeln an deiner Macht. Herr vergib dem Zweifler und dem Hoffnungslosen und gib uns heute noch deine Verheissung neu.

Dietrich Bonhoeffer

2. Mose 2,1–10   Lukas 3,7–14

4. Samstag In deine Hände befehle ich meinen Geist; du hast mich erlöst, HERR, du treuer Gott.
Psalm 31,6

Lasst uns freimütig hinzutreten zu dem Thron der Gnade, auf dass wir Barmherzigkeit empfangen und Gnade finden und so Hilfe erfahren zur rechten Zeit. *Hebräer 4,16*

Alles vergehet, Gott aber stehet ohn alles Wanken; seine Gedanken, sein Wort und Wille hat ewigen Grund. Sein Heil und Gnaden, die nehmen nicht Schaden, heilen im Herzen die tödlichen Schmerzen, halten uns zeitlich und ewig gesund.

571,8   Paul Gerhardt

1. Mose 21,1–7   Lukas 3,15–20

Januar 12

2. SONNTAG NACH WEIHNACHTEN

Wir sahen seine Herrlichkeit, eine Herrlichkeit als des eingeborenen Sohnes vom Vater, voller Gnade und Wahrheit. *Johannes 1,14b*
Lesungen: Lukas 2,41–52
Jesaja 61,1–3(4.9)10–11   Psalm 72
Predigtvorschlag: 1. Johannes 5,11–13

5. Sonntag   **Der HERR ist gütig und eine Feste zur Zeit der Not und kennt, die auf ihn trauen.**
Nahum 1,7
Werft euer Vertrauen nicht weg!   *Hebräer 10,35*
Vertrau und habe keine Angst, was dich auch schrecken will! Die Schuld und Not, vor der du bangst, wird an der Krippe still.   BG 206,3   Detlev Block

FEST DER ERSCHEINUNG DES HERRN EPIPHANIAS

Die Finsternis vergeht und das wahre Licht scheint schon.   *1. Johannes 2,8b*
Lesungen: Epheser 3,1–7   Jesaja 60,1–6
Lukas 3,21–38
Predigtvorschlag: Matthäus 2,1–12

6. Montag   **Er weidet mich auf einer grünen Aue und führet mich zum frischen Wasser. Er erquicket meine Seele.**   *Psalm 23,2–3*
Ihr irrtet umher wie Schafe, doch jetzt seid ihr zurückgekehrt zum Hirten, zum Beschützer eurer Seelen.   *1. Petrus 2,25*

Der Hirte, der Schafe zum Wasser bringt, der Engel, der Hirten vom Himmel zusingt, der Stern, der Weisen die Wege zeigt, der Weise, der vor der Krippe sich neigt, der führe auch dich, wer immer du bist, zum Heiland der Welt, zu Jesus Christ. Erdmann Becker

7. Dienstag Verachte nicht die Unterweisung durch den HERRN und sei nicht unwillig, wenn er dich ermahnt. *Sprüche 3,11*
Jesus lehrte mit Vollmacht. *Markus 1,22*
Herr, unser Gott, wecke du uns auf! Gib du uns dein Licht! Sei du unser Lehrer und Tröster! Rede du selbst mit einem Jeden von uns so, dass ein Jeder gerade das höre, was er nötig hat und was ihm hilft! Karl Barth
Titus 2,11–14 Lukas 4,1–13

8. Mittwoch Gott, mein Herz ist bereit, ich will singen und spielen. Wach auf, meine Seele!
Psalm 108,2
Der Gelähmte sprang auf, konnte stehen und gehen und ging mit ihnen in den Tempel, lief und sprang umher und lobte Gott. *Apostelgeschichte 3,8*
Ich lobe meinen Gott von ganzem Herzen. Erzählen will ich von all seinen Wundern und singen seinem Namen. Ich lobe meinen Gott von ganzem Herzen. Ich freue mich und bin fröhlich, Herr, in dir. Halleluja!
Louis Segond/Gitta Leuschner
5. Mose 18,14–19 Lukas 4,14–21

Januar

9. Donnerstag **Gedenke des ganzen Weges, den dich der HERR, dein Gott, geleitet hat diese vierzig Jahre in der Wüste, auf dass er dich demütigte und versuchte, damit kundwürde, was in deinem Herzen wäre.** *5. Mose 8,2*

Und alsbald trieb der Geist Jesus in die Wüste; und er war in der Wüste vierzig Tage und wurde versucht von dem Satan und war bei den Tieren, und die Engel dienten ihm. *Markus 1,12–13*

Die Wüste ist beides: Ort der Versuchung und Ort der besonderen Nähe Gottes, Ort der Finsternis und des Lichtes, Ort, an dem die Dämonen hausen, und der Ort, an dem der Himmel sich über uns öffnet.

Anselm Grün

1. Johannes 2,8–11   Lukas 4,22–30

10. Freitag   **Der HERR spricht: Möge doch ihr Herz so bleiben, dass sie mich allezeit fürchten und meine Gebote halten, damit es ihnen und ihren Kindern gut geht, für immer!** *5. Mose 5,29*

Ein neues Gebot gebe ich euch: dass ihr einander liebt. Wie ich euch geliebt habe, so sollt auch ihr einander lieben. Daran werden alle erkennen, dass ihr meine Jünger seid: Wenn ihr bei euch der Liebe Raum gebt. *Johannes 13,34–35*

Nun, das ist unsre Bitte, du Fürst in unsrer Mitte: Zeig deine Gegenwart, mach dein Gebot uns wichtig, das Herz zur Folge tüchtig und heilge unsre ganze Art!
BG 453,3   Nikolaus Ludwig von Zinzendorf/
Christian Gregor

Jesaja 8,20–23   Lukas 4,31–37

Januar

11. Samstag Ich will mit ihnen einen Bund des Friedens schliessen, der soll ein ewiger Bund mit ihnen sein. *Hesekiel 37,26*

Gnade sei mit euch und Friede von dem, der da ist und der da war und der da kommt. *Offenbarung 1,4*

Ich sehe, wie die Welt langsam immer mehr in eine Wüste verwandelt wird, ich höre den anrollenden Donner immer lauter, der auch uns töten wird, ich fühle das Leid von Millionen Menschen mit. Und doch, wenn ich zum Himmel schaue, denke ich, dass sich alles wieder zum Guten wenden wird, dass wieder Ruhe und Frieden in die Weltordnung kommen werden. Anne Frank

Jesaja 66,18–23   Lukas 4,38–44

Internationale Allianzgebetswoche

---

1. SONNTAG NACH EPIPHANIAS

Welche der Geist Gottes treibt, die sind Gottes Kinder. *Römer 8,14*
Lesungen: Matth. 3,13–17   Römer 12,1–8
Jesaja 42,1–9   Psalm 4
Predigtvorschlag: Josua 3,5–11.17

---

12. Sonntag Hass erregt Hader; aber Liebe deckt alle Übertretungen zu. *Sprüche 10,12*

Darin besteht die Liebe: nicht dass wir Gott geliebt haben, sondern dass er uns geliebt hat und gesandt seinen Sohn zur Versöhnung für unsre Sünden. Ihr Lieben, hat uns Gott so geliebt, so sollen wir uns auch untereinander lieben. *1. Johannes 4,10–11*

Januar

Gib, Ewiger, mein Gott und Gott meiner Väter, dass in keines Menschen Herz Hass aufsteige gegen uns und gegen keinen Menschen Hass in unserem Herz aufsteige. Rabbi Eleazar

13. Montag **Halte meine Augen davon ab, nach Nichtigem zu schauen.** *Psalm 119,37*
Dein Auge ist das Licht des Leibes. Wenn dein Auge lauter ist, so ist dein ganzer Leib licht; wenn es aber böse ist, so ist auch dein Leib finster. *Lukas 11,34*
Verschliesse meine Augen für Dinge, die nichts taugen; gib Augen voller Klarheit in alle deine Wahrheit.
BG 403,4 Barby 1767
Apostelgeschichte 10,37–48   Lukas 5,1–11

14. Dienstag **Wer sich des Armen erbarmt, der ehrt Gott.** *Sprüche 14,31*
Jesus sprach zu dem jungen Mann: Willst du vollkommen sein, so geh hin, verkaufe, was du hast, und gib's den Armen, so wirst du einen Schatz im Himmel haben; und komm und folge mir nach!
Matthäus 19,21
Der Geist der Armut ist Leben in der hellen Freude am Heute. Wenn Gott die Güter der Erde umsonst austeilt, ist es Gnade für den Menschen zu geben, was er empfangen hat. Frère Roger, Taizé
Lukas 18,15–17   Lukas 5,12–16

15. Mittwoch **Du sollst nicht ehebrechen.**
2. Mose 20,14

Der Mann soll seine Frau nicht vernachlässigen, ebenso nicht die Frau ihren Mann. *1. Korinther 7,3*

Nun lass uns füreinander leben, einander lieben, wie du liebst, und mach uns fähig zu vergeben, wie du uns täglich neu vergibst. Sei du der Massstab und der Halt und gib dem Wollen auch Gestalt.
BG 897,2　　　　　　　　　　　　　　　Detlev Block
Römer 8,26–30　Lukas 5,17–26

16. Donnerstag **Alle hoffärtigen Augen werden erniedrigt, und die stolzen Männer müssen sich beugen; der HERR aber wird allein hoch sein an jenem Tage.** *Jesaja 2,11*

Was töricht ist vor der Welt, das hat Gott erwählt, damit er die Weisen zuschanden mache; und was schwach ist vor der Welt, das hat Gott erwählt, damit er zuschanden mache, was stark ist; und was gering ist vor der Welt und was verachtet ist, das hat Gott erwählt, was nichts ist, damit er zunichtemache, was etwas ist, auf dass sich kein Mensch vor Gott rühme. *1. Korinther 1,27–29*

Du Geist von oben, weh uns an, denn wir sind ja dein Eigen. Was wir bisher nicht recht getan, das soll uns vor dir beugen. Wir sind doch Jesu Eigentum bei allen diesen Sachen und lieben seines Namens Ruhm; ach hilf's uns besser machen!
BG 375,1　　　　　　　　　　　　　　　Anna Dober
Epheser 1,3–10　Lukas 5,27–32

Januar 18

17. Freitag **Eines jeden Wege liegen offen vor dem Herrn.** *Sprüche 5,21*

Richtet nicht vor der Zeit, bis der Herr kommt, der auch ans Licht bringen wird, was im Finstern verborgen ist, und das Trachten der Herzen offenbar machen wird. *1. Korinther 4,5*

Herr, der du mich kennst und beim Namen nennst, ach, du weisst es, wie ich's meine, was ich bin und was ich scheine. Meines Herzens Grund ist dir klar und kund.
BG 713,1 Philipp Spitta

Lukas 12,49–53   Lukas 5,33–39

18. Samstag **Du sollst heute wissen und zu Herzen nehmen, dass der Herr Gott ist oben im Himmel und unten auf Erden und sonst keiner.** *5. Mose 4,39*

Eure Güte lasst kund sein allen Menschen! Der Herr ist nahe! Und der Friede Gottes, der höher ist als alle Vernunft, wird eure Herzen und Sinne bewahren in Christus Jesus. *Philipper 4,5.7*

Nicht die Welt aus den Angeln zu heben, sondern am gegebenen Ort das sachlich – im Blick auf die Wirklichkeit – Notwendige zu tun und dieses wirklich zu tun, kann die Aufgabe sein. Dietrich Bonhoeffer

Matthäus 4,12–17   Lukas 6,1–11

2. SONNTAG NACH EPIPHANIAS

Von seiner Fülle haben wir alle genommen Gnade um Gnade. *Johannes 1,16*
Lesungen: Johannes 2,1–11   1. Korinther 2,1–10
2. Mose 33,18–23   Psalm 3
Predigtvorschlag: Römer 12,9–16

19. Sonntag **Mache dich auf, werde licht; denn dein Licht kommt, und die Herrlichkeit des HERRN geht auf über dir!** *Jesaja 60,1*

Unser Gott hat ein Herz voll Erbarmen. Darum kommt uns das Licht aus der Höhe zur Hilfe. Es leuchtet denen, die im Dunkel und im Schatten des Todes leben. Es lenkt unsere Füsse auf den Weg des Friedens. *Lukas 1,78–79*

Wer nun dies Licht empfangen hat, der geh zurück in Dorf und Stadt und zünde selber Lichter an, dass jeder Mensch es sehen kann.   Hans R. Meier-Clemens

20. Montag **Der HERR wird dein ewiges Licht und dein Gott wird dein Glanz sein.** *Jesaja 60,19*

Jesus spricht: **Wer mich sieht, der sieht den, der mich gesandt hat. Ich bin als Licht in die Welt gekommen, auf dass, wer an mich glaubt, nicht in der Finsternis bleibe.** *Johannes 12,45–46*

In die Welt bist du gekommen, Jesu, als ein Licht der Welt. Wer ins Herz dich aufgenommen, sich im Glauben an dich hält, der erfährt's, wie du gewiss Licht bringst in die Finsternis.   BG 1019,1   Johann Christoph Blumhardt

5. Mose 5,1–7(8–21)   Lukas 6,12–16

Januar

21. Dienstag **Erhalte mich nach deinem Wort, dass ich lebe, und lass mich nicht zuschanden werden in meiner Hoffnung.** *Psalm 119,116*

Jesus spricht: **Wer mein Wort hört und glaubt dem, der mich gesandt hat, der hat das ewige Leben und kommt nicht in das Gericht, sondern er ist vom Tode zum Leben hindurchgedrungen.**

Johannes 5,24

In Christus allein wirst du auf dem Wege getroster Verzweiflung an dir und deinen Werken den Frieden finden. Martin Luther

Markus 2,23–28   Lukas 6,17–26

22. Mittwoch **Jesaja sprach: Weh mir, ich vergehe! Denn ich bin unreiner Lippen und wohne unter einem Volk von unreinen Lippen.** *Jesaja 6,5*

Paulus schreibt: **Ich war früher ein Lästerer und ein Verfolger und ein Frevler; aber mir ist Barmherzigkeit widerfahren.** *1. Timotheus 1,13*

Das muss ich dir, mein Gott, bekennen, das rühm ich, wenn ein Mensch mich fragt; ich kann es nur Erbarmung nennen, so ist mein ganzes Herz gesagt. Ich beuge mich und bin erfreut und rühme die Barmherzigkeit.
209,3 Philipp Friedrich Hiller

Römer 9,31–10,8   Lukas 6,27–35

23. Donnerstag **Meint ihr, dass ihr Gott täuschen werdet, wie man einen Menschen täuscht?**

Hiob 13,9

Jesus sprach zu den Pharisäern: Ihr seid's, die ihr euch selbst rechtfertigt vor den Menschen; aber Gott kennt eure Herzen. *Lukas 16,15*

Es werde das zu aller Zeit auch von uns selbst bewiesen, was wir von dir mit Freudigkeit oft andern angepriesen. Es gehe Tat und Wort in gleichen Schritten fort, damit uns einst dein Zukunftstag erfreun und nicht beschämen mag.
BG 759,4 Nikolaus Ludwig von Zinzendorf

Apostelgeschichte 15,22–31 Lukas 6,36–42

24. Freitag **Die sich halten an das Nichtige, verlassen ihre Gnade.** *Jona 2,9*

Tut nichts aus Eigennutz oder um eitler Ehre willen, sondern in Demut achte einer den andern höher als sich selbst. *Philipper 2,3*

Gott, uns lass dein Heil schauen, auf nichts Vergänglichs trauen, nicht Eitelkeit uns freun; lass uns einfältig werden und vor dir hier auf Erden wie Kinder fromm und fröhlich sein.
599,5 Matthias Claudius

Galater 5,1–6 Lukas 6,43–49

25. Samstag **Der HERR wird sich wieder über dich freuen, dir zugut, wie er sich über deine Väter gefreut hat.** *5. Mose 30,9*

Gelobt sei der Herr, der Gott Israels! Denn er ist seinem Volk zu Hilfe gekommen und hat es erlöst. Er hat uns einen starken Retter gesandt, einen Nachkommen seines Dieners David. *Lukas 1,68–69*

Januar

Der Herr ist noch und nimmer nicht von seinem Volk geschieden; er bleibet ihre Zuversicht, ihr Segen, Heil und Frieden. Mit Mutterhänden leitet er die Seinen stetig hin und her. Gebt unserm Gott die Ehre!
240,5 Johann Jakob Schütz
5. Mose 33,1–4(7.12–16)   Lukas 7,1–10

---

3. SONNTAG NACH EPIPHANIAS

Es werden kommen von Osten und von Westen, von Norden und von Süden, die zu Tisch sitzen werden im Reich Gottes. *Lukas 13,29*
Lesungen: Matthäus 8,5–13   Römer 1,13–17
2. Könige 5,(1–8)9–15(16–18)19a   Psalm 9
Predigtvorschlag: Johannes 4,5–14

---

26. Sonntag **Das geknickte Rohr wird er nicht zerbrechen, und den glimmenden Docht wird er nicht auslöschen.** *Jesaja 42,3*

Jesus spricht: **Seht zu, dass ihr nicht eins dieser Geringen verachtet!** *Matthäus 18,10*

Einer soll heute dein Nächster sein, einer, der sonst nicht zählt, einer, der nicht mehr glauben kann, der sich mit Zweifeln quält. Einem sollst du heute Nächster sein, einem sollst du dich nahn, sollst an ihm tun, wie Jesus Christ selber an dir getan. Lindolfo Weingärtner

27. Montag **Erhöre uns nach der wunderbaren Gerechtigkeit, Gott, unser Heil.** *Psalm 65,6*

Das ist die Zuversicht, mit der wir vor ihm reden: Wenn wir um etwas bitten nach seinem Willen, so hört er uns. *1. Johannes 5,14*

Keins unserer Gebete geht verloren. Alle unsere Gebete werden im Himmel aufbewahrt. Corrie ten Boom

Apostelgeschichte 16,9–15   Lukas 7,11–17

28. Dienstag **HERR, behüte mich wie einen Augapfel im Auge.** *Psalm 17,8*

Der Herr ist treu; der wird euch stärken und bewahren vor dem Bösen. *2. Thessalonicher 3,3*

Ach Hüter unsers Lebens, fürwahr, es ist vergebens mit unserm Tun und Machen, wo nicht dein Augen wachen.
548,6 Paul Gerhardt

Römer 15,7–13   Lukas 7,18–23

29. Mittwoch **Mein Leben werde wert geachtet in den Augen des HERRN, und er errette mich aus aller Not!** *1. Samuel 26,24*

Ihr kennt die Gnade unseres Herrn Jesus Christus: Obwohl er reich ist, wurde er doch arm um euretwillen, auf dass ihr durch seine Armut reich würdet. *2. Korinther 8,9*

Gott wurde zu dem, was wir sind, damit er uns zu dem machen kann, was er ist. Athanasius von Alexandrien

Rut 4,7–12   Lukas 7,24–35

Januar

30. Donnerstag   **Der HERR ist meine Kraft.**
Habakuk 3,19

Darum werden wir nicht müde; sondern wenn auch unser äusserer Mensch verfällt, so wird doch der innere von Tag zu Tag erneuert.   *2. Korinther 4,16*

Ohne dich, wo käme Kraft und Mut mir her? Ohne dich, wer nähme meine Bürde, wer? Ohne dich, zerstieben würden mir im Nu Glauben, Hoffen, Lieben, alles, Herr, bist du.

BG 471,2   Cornelius Friedrich/Adolf Krummacher

Apostelgeschichte 13,42–52   Lukas 7,36–50

31. Freitag   **Herr, tue meine Lippen auf, dass mein Mund deinen Ruhm verkündige.**   *Psalm 51,17*

Wir können's ja nicht lassen, von dem zu reden, was wir gesehen und gehört haben.
Apostelgeschichte 4,20

Wunderbarer König, Herrscher von uns allen, lass dir unser Lob gefallen. Deine Gnadenströme hast du lassen fliessen, ob wir schon dich oft verliessen. Hilf uns noch, stärk uns doch; lass die Zungen singen, lass die Stimmen klingen.

161,1   Joachim Neander

Kolosser 1,(21–23)24–29   Lukas 8,1–3

FEBRUAR

1. Samstag **Viele, die im Staub der Erde schlafen, werden aufwachen, die einen zum ewigen Leben, die andern zu ewiger Schmach und Schande.**
Daniel 12,2
Dazu ist Christus gestorben und wieder lebendig geworden, dass er über Tote und Lebende Herr sei.
Römer 14,9
Dann stehen Mensch und Mensch zusammen vor eines Herren Angesicht, und alle, alle schaun ins Licht, und er kennt jedermann mit Namen.
BG 137,8   Jan Willem Schulte Nordholt/
Jürgen Henkys

Offenbarung 15,1–4   Lukas 8,4–15

LETZTER SONNTAG NACH EPIPHANIAS
Über dir geht auf der HERR, und seine Herrlichkeit erscheint über dir. *Jesaja 60,2b*
Lesungen: Matthäus 17,1–9
2. Korinther 4,6–10   Psalm 16
Predigtvorschlag:
2. Mose 3,1–8a(8b.9)10(11–12)13–14(15)

Februar

2. Sonntag **Nach dem Wort des HERRN brachen die Israeliten auf, und nach seinem Wort lagerten sie sich.** *4. Mose 9,18*

Durch den Glauben wurde Abraham gehorsam, als er berufen wurde, an einen Ort zu ziehen, den er erben sollte; und er zog aus und wusste nicht, wo er hinkäme. *Hebräer 11,8*

Vertraut den neuen Wegen, auf die uns Gott gesandt! Er selbst kommt uns entgegen. Die Zukunft ist sein Land. Wer aufbricht, der kann hoffen in Zeit und Ewigkeit. Die Tore stehen offen. Das Land ist hell und weit.
843,1 Klaus Peter Hertzsch

3. Montag **Die Hand unseres Gottes war über uns, und er errettete uns.** *Esra 8,31*

Paulus schreibt: **Was für Verfolgungen habe ich nicht erlitten – und aus allen hat mich der Herr errettet!** *2. Timotheus 3,11*

Es hilft mir einer wieder auf, wenn ich den Mut verlier. Das ist er, der mich kennt und liebt, mir täglich neue Kräfte gibt, ist früh und spät bei mir.
BG 481,3 Luděk Rejchrt/Benigna Carstens

2. Korinther 3,(9–11)12–18   Lukas 8,16–21

Februar

4. Dienstag Ist mein Wort nicht wie ein Feuer, spricht der HERR, und wie ein Hammer, der Felsen zerschmeisst? *Jeremia 23,29*

Das Wort Gottes ist lebendig und wirksam. Es ist schärfer als jedes zweischneidige Schwert und dringt durch und durch. Es durchdringt Seele und Geist, Mark und Bein. Es urteilt über die Gedanken und die Einstellung des Herzens. *Hebräer 4,12*

Es ist eine wunderbare Sache um die Macht des Worts. Ein frommes vertrauensvolles Wort zu Gott im Himmel, eine Bitte aus innigem Herzen hat Steine von den Gräbern gesprengt, unter welchen die edelsten Kräfte begraben lagen, und wie ein junger schöner Frühling erblühte, wo früher Öde war und totes Gestein. Wie oft ist doch das Wort in Herzen gedrungen!

Jeremias Gotthelf

Johannes 1,43–51   Lukas 8,22–25

5. Mittwoch Der Knecht Gottes sprach: **Ich bot meinen Rücken dar denen, die mich schlugen, und meine Wangen denen, die mich rauften. Mein Angesicht verbarg ich nicht vor Schmach und Speichel.** *Jesaja 50,6*

Jesus spricht: **Niemand hat grössere Liebe als wer sein Leben einsetzt für seine Freunde.**

Johannes 15,13

Auch die Liebe strauchelte und fiel aufs Kreuz. Sie hatte Glück; ein anderer trug es.   Hildegard Wohlgemuth

Offenbarung 1,(1.2)3–8   Lukas 8,26–39

Februar

6. Donnerstag Der HERR sprach: Ich will hinfort nicht mehr die Erde verfluchen um der Menschen willen; denn das Dichten und Trachten des menschlichen Herzens ist böse von Jugend auf.
1. Mose 8,21

Gott hat seinen Sohn nicht in die Welt gesandt, dass er die Welt richte, sondern dass die Welt durch ihn gerettet werde. *Johannes 3,17*

Von Bildern des Schreckens sind wir täglich umgeben. Wir leiden Atemnot, aber wir ersticken nicht, denn es gibt eine Hoffnung, die uns durchhalten lässt, wo nichts mehr zu hoffen ist: deine Anwesenheit, Gott, inmitten aller Zerstörung. Selbst wenn es zum Äussersten kommt: Das Ende wird nicht das Ende sein.

Antje Sabine Naegeli

2. Korinther 4,1–5   Lukas 8,40–56

7. Freitag Gott, du bist mein Gott, den ich suche. Es dürstet meine Seele nach dir. *Psalm 63,2*

Wen dürstet, der komme; wer da will, der nehme das Wasser des Lebens umsonst. *Offenbarung 22,17*

Durst nach dir, mein Gott, haben viele. Lass mich deine Schale sein, in der du reines Wasser bist und lass alle trinken. Anton Rotzetter

Offenbarung 1,(9–11)12–18   Lukas 9,1–9

8. Samstag Er hat ein Gedächtnis gestiftet seiner Wunder, der gnädige und barmherzige HERR.
Psalm 111,4

29 — Februar

Der Kelch des Segens, den wir segnen, ist der nicht die Gemeinschaft des Blutes Christi? Das Brot, das wir brechen, ist das nicht die Gemeinschaft des Leibes Christi? *1. Korinther 10,16*

Was immer uns widerfahren kann im Leben, du erneuerst dein bedingungsloses Ja, dein wunderbares Geschenk des Lebens: Dein Abbild sein zu dürfen.

Pierre Stutz

4. Mose 6,22–27   Lukas 9,10–17

---

4. SONNTAG VOR DER PASSIONSZEIT

Kommt her und sehet an die Werke Gottes, der so wunderbar ist in seinem Tun an den Menschenkindern. *Psalm 66,5*
*Lesungen: 2. Korinther 1,8–11   Jesaja 51,9–16
Psalm 18,1–20
Predigtvorschlag: Markus 4,35–41*

---

9. Sonntag **Du Menschenkind, alle meine Worte, die ich dir sage, die fasse mit dem Herzen und nimm sie zu Ohren!** *Hesekiel 3,10*

Der Same, der auf guten Boden gesät wurde: Hier ist einer, der das Wort hört und versteht. Der trägt dann Frucht – sei es hundertfach, sei es sechzigfach, sei es dreissigfach. *Matthäus 13,23*

Öffn uns die Ohren und das Herz, dass wir das Wort recht fassen, in Lieb und Leid, in Freud und Schmerz es aus der Acht nicht lassen; dass wir nicht Hörer nur allein des Wortes, sondern Täter sein, Frucht hundertfältig bringen.
BG 396,4   David Denicke

Februar

10. Montag   **Bei Gott ist Kraft und Einsicht. Sein ist, der da irrt und der irreführt.**   *Hiob 12,16*

Gott will, dass alle Menschen gerettet werden und sie zur Erkenntnis der Wahrheit kommen.
1. Timotheus 2,4

Du, der du selbst das Leben, der Weg, die Wahrheit bist, uns allen wollst du geben dein Heil, Herr Jesu Christ.

178,3 Strassburg 1850

Matthäus 21,18–22   Lukas 9,18–27

11. Dienstag   **Du sollst den Geringen nicht vorziehen, aber auch den Grossen nicht begünstigen.**
3. Mose 19,15

Haltet den Glauben an Jesus Christus, unsern Herrn der Herrlichkeit, frei von allem Ansehen der Person.   *Jakobus 2,1*

Komm in unser dunkles Herz, Herr, mit deines Lichtes Fülle; dass nicht Neid, Angst, Not und Schmerz deine Wahrheit uns verhülle, die auch noch in tiefer Nacht Menschenleben herrlich macht.

833,5 Hans von Lehndorff

Matthäus 8,28–34   Lukas 9,28–36

12. Mittwoch   **Sie gieren alle, Klein und Gross, nach unrechtem Gewinn, und Propheten und Priester gehen alle mit Lüge um und heilen den Schaden meines Volks nur obenhin, indem sie sagen: «Friede! Friede!», und ist doch nicht Friede.**
Jeremia 6,13–14

Die Liebe sei ohne Falsch. Hasst das Böse, hängt dem Guten an. *Römer 12,9*

Was keiner wagt, das sollt ihr wagen. Was keiner sagt, das sagt heraus. Was keiner denkt, das wagt zu denken. Was keiner anfängt, das führt aus. Wenn keiner ja sagt, sollt ihr's sagen. Wenn keiner nein sagt, sagt doch nein. Wenn alle zweifeln, wagt zu glauben. Wenn alle mittun, steht allein. Wo alle loben, habt Bedenken. Wo alle spotten, spottet nicht. Wo alle geizen, wagt zu schenken. Wo alles dunkel ist, macht Licht.

Lothar Zenetti

Nahum 1,2–6   Lukas 9,37–45

13. Donnerstag   **Fragt nach den Wegen der Vorzeit, welches der gute Weg sei, und wandelt darin, so werdet ihr Ruhe finden für eure Seele!**
Jeremia 6,16

Wir wünschen aber sehnlichst, dass jeder von euch den gleichen Eifer für die Erfüllung der Hoffnung zeige, bis ans Ende, und dass ihr nicht träge werdet, sondern es denen gleichtut, die durch Glauben und Geduld die Verheissungen erben. *Hebräer 6,11–12*

Hoffnung ist nicht die Überzeugung, dass etwas gut ausgeht, sondern die Gewissheit, dass etwas Sinn hat, egal wie es ausgeht. Václav Havel

Hosea 2,20–25   Lukas 9,46–50

Februar

14. Freitag **Er war so verachtet, dass man das Angesicht vor ihm verbarg; darum haben wir ihn für nichts geachtet.** *Jesaja 53,3*

Sehet, welch ein Mensch! *Johannes 19,5*

Menschen gehen zu Gott in seiner Not, finden ihn arm, geschmäht, ohne Obdach und Brot, sehn ihn verschlungen von Sünde, Schwachheit und Tod. Christen stehen bei Gott in seinen Leiden. Gott geht zu allen Menschen in ihrer Not, sättigt den Leib und die Seele mit seinem Brot, stirbt für Christen und Heiden den Kreuzestod und vergibt ihnen beiden. Dietrich Bonhoeffer

Kolosser 2,8–15   Lukas 9,51–56

15. Samstag **Mein Gott, des Tages rufe ich, doch antwortest du nicht, und des Nachts, doch finde ich keine Ruhe.** *Psalm 22,3*

Christus hat in den Tagen seines irdischen Lebens Bitten und Flehen mit lautem Schreien und mit Tränen vor den gebracht, der ihn aus dem Tod erretten konnte; und er ist erhört worden, weil er Gott in Ehren hielt. *Hebräer 5,7*

Wo bist du, mein Gott? Ich suche dich mit wachsender Verzweiflung, aber ich schreite nur durch leere Räume. Nimm die Nacht aus meinen Augen, dass ich dich erkenne und die Angst von mir weiche.

Antje Sabine Naegeli

Johannes 6,16–21   Lukas 9,57–62

3. SONNTAG VOR DER PASSIONSZEIT
SEPTUAGESIMAE
(*70* Tage vor Ostern)

Wir liegen vor dir mit unserm Gebet und vertrauen nicht auf unsre Gerechtigkeit, sondern auf deine grosse Barmherzigkeit. *Daniel 9,18b*
Lesungen: Matthäus 20,1–16   Philipper 2,12–13
Jeremia 9,22–23   Psalm 18,21–51
Predigtvorschlag: Prediger 7,15–18

16. Sonntag   **Er gibt dem Müden Kraft und Stärke genug dem Unvermögenden.** *Jesaja 40,29*

Paulus schreibt: **Der Herr hat zu mir gesagt: Lass dir an meiner Gnade genügen; denn meine Kraft vollendet sich in der Schwachheit.** *2. Korinther 12,9*

Gott gibt uns Beispiele, die uns anzeigen, dass wir nicht so sehr durch menschliches Planen geleitet werden, sondern dass wir von Gott Leitung erbitten müssen.   Philipp Melanchthon

17. Montag   **Von deiner Wahrheit und von deinem Heil rede ich, HERR. Ich verhehle deine Güte und Treue nicht vor der grossen Gemeinde.** *Psalm 40,11*

Paulus schreibt: **Wir fanden in unserm Gott den Mut, bei euch das Evangelium Gottes zu sagen in hartem Kampf.** *1. Thessalonicher 2,2*

Februar

Gott mache uns im Glauben kühn und in der Liebe reine. Er lasse Herz und Zunge glühn, zu wecken die Gemeine. Und ob auch unser Auge nicht in seinen Plan mag dringen: er führt durch Dunkel uns zum Licht, lässt Schloss und Riegel springen. Des wolln wir fröhlich singen.
817 Friedrich Spitta
Lukas 19,1–10   Lukas 10,1–16

18. Dienstag **Du wirst erfahren, dass ich der HERR bin, an dem nicht zuschanden werden, die auf mich harren.** *Jesaja 49,23*
Wenn sie euch aber vor die Gerichte der Synagogen und vor die Machthaber und vor die Behörden führen, dann sorgt euch nicht, wie oder womit ihr euch verteidigen oder was ihr sagen sollt, denn der heilige Geist wird euch in jener Stunde lehren, was ihr sagen müsst. *Lukas 12,11–12*
Du hast die Angst der Macht beraubt, das Mass der Welt verwandelt. Die wahre Macht hat nur, wer glaubt und aus dem Glauben handelt. Wir danken dir, Herr Jesu Christ, dass dir die Macht gegeben ist im Himmel und auf Erden.
BG 343,4 Detlev Block
5. Mose 7,6–12   Lukas 10,17–24

19. Mittwoch **Wenn der HERR nicht das Haus baut, so arbeiten umsonst, die daran bauen.**
Psalm 127,1

Simon sprach: Meister, wir haben die ganze Nacht gearbeitet und nichts gefangen; aber auf dein Wort hin will ich die Netze auswerfen. Und als sie das taten, fingen sie eine grosse Menge Fische.
Lukas 5,5–6

Gib, dass ich tu mit Fleiss, was mir zu tun gebühret, wozu mich dein Befehl in meinem Stande führet. Gib, dass ich's tue bald, zu der Zeit, da ich soll, und wenn ich's tu, so gib, dass es gerate wohl.
BG 931,2 Johann Heermann
Römer 4,1–8   Lukas 10,25–37

20. Donnerstag   **Der HERR wird seinem Volk Recht schaffen, und über seine Knechte wird er sich erbarmen.** *5. Mose 32,36*
Sollte Gott nicht auch Recht schaffen seinen Auserwählten, die zu ihm Tag und Nacht rufen, und sollte er bei ihnen lange warten? *Lukas 18,7*

Gott, inmitten der Ungerechtigkeit und Spaltung der Welt warten alle Geschöpfe seufzend auf die Erlösung und die Auferstehung. Wir glauben an den Heiligen Geist, der an unserer Stelle, die wir nicht wissen, was wir beten sollen, für uns seufzt und betet. Lass die gespaltenen Völker und Kirchen eins werden und sich vorbereiten, damit dein Reich auf diese Welt kommt. Im Namen Jesu Christi beten wir, dass deine Herrschaft, dein Friede und deine Gerechtigkeit in diese Welt kommt.   Gebet koreanischer Christinnen
1. Korinther 3,(1–3)4–8   Lukas 10,38–42

Februar

21. Freitag **Weide dein Volk mit deinem Stabe.**
Micha 7,14

Christus selbst hat die einen als Apostel eingesetzt, die anderen als Propheten, andere als Verkündiger des Evangeliums und wieder andere als Hirten und Lehrer, um die Heiligen auszurüsten für die Ausübung ihres Dienstes. So wird der Leib Christi aufgebaut. *Epheser 4,11–12*

Du guter Hirt, Herr Jesus Christ, steh deiner Kirche bei, dass über allem, was da ist, ein Herr, ein Glaube sei.
BG 492,4   Georg Thurmair

Maleachi 3,13–18   Lukas 11,1–4

22. Samstag **Was recht ist, dem sollst du nachjagen, damit du leben kannst.**   *5. Mose 16,20*

Selig sind, die da hungert und dürstet nach der Gerechtigkeit; denn sie sollen satt werden.
Matthäus 5,6

Fragt nach dem Weg; fragt nach dem Weg, der gut ist für Gerechtigkeit, die uns befreit von Gier nach unrechtem Gewinn, die unser Handeln misst an dem, was Schwachen hilft und nützt. Gottes Frieden lebt im Atem der Güte, durch Taten, die verbinden.

Dieter Trautwein

1. Korinther 1,26–31   Lukas 11,5–13

2. SONNTAG VOR DER PASSIONSZEIT SEXAGESIMAE
(*60* Tage vor Ostern)

Heute, wenn ihr seine Stimme hört, so verstockt eure Herzen nicht. *Hebräer 3,15*
Lesungen: Lukas 8,4–8(9–15)   Hebräer 4,12–13
Jesaja 55,(6–7)8–12a   Psalm 15
Predigtvorschlag: Apostelgeschichte 16,9–15

23. Sonntag   So spricht der HERR: **Ich will mich selbst als Wache um mein Haus lagern.**
Sacharja 9,8
Jesus stand auf und bedrohte den Wind und die Wogen des Wassers, und sie legten sich und es ward eine Stille. Er sprach aber zu den Jüngern: Wo ist euer Glaube? *Lukas 8,24–25*

Wir bitten dich gemeinschaftlich: Fahr fort in künftgen Jahren, so wie bis heute gnädiglich die Deinen zu bewahren! Lass der Gemeine sel'gen Gang durch nichts gestöret werden und deiner Liebe Überschwang erleichtre die Beschwerden!
BG 505,5   Nikolaus Ludwig von Zinzendorf

24. Montag   **Ihr trinkt den Wein kübelweise und verwendet die kostbarsten Parfüme; aber dass euer Land in den Untergang treibt, lässt euch kalt.**
Amos 6,6
Betrinkt euch nicht; denn zu viel Wein verführt zu einem liederlichen Lebenswandel. Lasst euch lieber vom Geist Gottes erfüllen! *Epheser 5,18*

Februar

Wir dürfen, so dankbar wir für alle persönlichen Freuden sind, keinen Augenblick die grossen Dinge, um derentwillen wir leben, aus dem Auge verlieren.
Dietrich Bonhoeffer

5. Mose 32,44–47   Lukas 11,14–26

25. Dienstag   Der HERR ist meine Macht und mein Psalm und ist mein Heil. *Psalm 118,14*

Leidet jemand unter euch, der bete; ist jemand guten Mutes, der singe Psalmen. *Jakobus 5,13*

Gott ist mein Lied; er ist der Gott der Stärke; hehr ist sein Nam, und gross sind seine Werke und alle Himmel sein Gebiet. Kein Sperling fällt, Herr, ohne deinen Willen. Sollt ich mein Herz nicht mit dem Troste stillen, dass deine Hand mein Leben hält?
730,1.14   Christian Fürchtegott Gellert

Amos 8,(4–10)11.12   Lukas 11,27–32

26. Mittwoch   Wer bestimmt den Geist des HERRN, und welcher Ratgeber unterweist ihn? *Jesaja 40,13*

Der Wind bläst, wo er will, und du hörst sein Sausen wohl; aber du weisst nicht, woher er kommt und wohin er fährt. So ist ein jeder, der aus dem Geist geboren ist. *Johannes 3,8*

Komm, o Gott, du Geist des Lebens, Gesicht der Barmherzigkeit, Geruch der Heiligkeit, Geschmack der Unendlichkeit, Geräusch der Zärtlichkeit, Gespür für die Ewigkeit. Wir warten auf dich!   Ulrike Wagner-Rau

Lukas 6,43–49   Lukas 11,33–36

27. Donnerstag **Dient dem HERRN von ganzem Herzen. Und weicht nicht ab; folgt nicht denen, die nichts sind, die nichts nützen und nicht retten können, denn sie sind nichts!** *1. Samuel 12,20–21*

Werdet nicht unverständig, sondern versteht, was der Wille des Herrn ist. *Epheser 5,17*

Ich weiss, mein Gott, dass all mein Tun und Werk in deinem Willen ruhn, von dir kommt Glück und Segen; was du regierst, das geht und steht auf rechten, guten Wegen.

BG 905,1   Paul Gerhardt

1. Thessalonicher 1,2–10   Lukas 11,37–54

28. Freitag **Du hast Menschen über unser Haupt fahren lassen, wir sind in Feuer und Wasser gekommen. Aber du hast uns herausgeführt und erquickt.** *Psalm 66,12*

Paulus schreibt: **Wir leiden Verfolgung, aber wir werden nicht verlassen. Wir werden unterdrückt, aber wir kommen nicht um. Wir tragen allezeit das Sterben Jesu an unserm Leibe, auf dass auch das Leben Jesu an unserm Leibe offenbar werde.**
2. Korinther 4,9–10

Die Angst vor der Übermacht der anderen lasse ich dir. Du warst wehrlos zwischen den Mächtigen. Die Mächtigen sind untergegangen. Du lebst. Ich lasse mich dir. Ich gehöre dir, Gott. Du hast mich in deiner guten Hand.   Jörg Zink

2. Timotheus 3,(10–13)14–17   Lukas 12,1–12

MÄRZ

1. Samstag **Denkt an den Anfang, an das, was schon immer war: Ich bin Gott und keiner sonst, ich bin Gott, und meinesgleichen gibt es nicht.**
Jesaja 46,9

Ich bin das A und das O, spricht Gott der Herr, der da ist und der da war und der da kommt, der Allmächtige. *Offenbarung 1,8*

Lass uns deine Herrlichkeit sehen auch in dieser Zeit und mit unsrer kleinen Kraft suchen, was den Frieden schafft.
795,6 Christian David

Matthäus 13,31–35   Lukas 12,13–21

1. März 1457: Anfang der Brüder-Unität in Böhmen

SONNTAG VOR DER PASSIONSZEIT ESTOMIHI
(*Sei mir* ein starker Fels! Psalm 31,3)

Seht, wir gehen hinauf nach Jerusalem, und es wird alles vollendet werden, was geschrieben ist durch die Propheten von dem Menschensohn. *Lukas 18,31*
Lesungen: Markus 8,31–38   1. Korinther 13,1–13
Amos 5,21–24   Psalm 6
Predigtvorschlag: Lukas 10,38–42

März

2. Sonntag **Der HERR erlöste sie, weil er sie liebte und Erbarmen mit ihnen hatte. Er nahm sie auf und trug sie allezeit von alters her.** *Jesaja 63,9*

Und siehe, zwei Blinde sassen am Wege; und als sie hörten, dass Jesus vorüberging, schrien sie und sprachen: Ach, Herr, du Sohn Davids, erbarme dich unser! *Matthäus 20,30*

Dunkel scheinen mir die Tage und ich sehe oft kein Licht. Gott, erhöre meine Klage, sei uns nah, verlass uns nicht! Lass die Hoffnung in uns wachsen: Leben schafft sich wieder Raum. Und das Holz des Kreuzes Jesu wird für uns zum Lebensbaum.
BG 245,2   Renate Schiller

3. Montag **Erforsche mich, Gott, und erkenne mein Herz; prüfe mich und erkenne, wie ich's meine. Und sieh, ob ich auf bösem Wege bin, und leite mich auf ewigem Wege.** *Psalm 139,23–24*

Wie eng ist die Pforte und wie schmal der Weg, der zum Leben führt. *Matthäus 7,14*

Wir loben deine Treue, du Heiland Jesu Christ. Lass uns erfahrn auf's Neue, wie nahe du uns bist! Du öffnest uns die Pforte, den Weg zu deinem Reich. Wir folgen deinem Worte; vor dir sind alle gleich.
                                                           Heinz Schmidt

Lukas 13,31–35   Lukas 12,22–34

März

4. Dienstag **Freue dich und sei fröhlich, du Tochter Zion! Denn siehe, ich komme und will bei dir wohnen, spricht der HERR.** *Sacharja 2,14*

Als Jesus in Jerusalem einzog, erregte sich die ganze Stadt und sprach: Wer ist der? *Matthäus 21,10*

Der durch die Welt geht und die Zeit, ruft nicht, wie man beim Jahrmarkt schreit. Er spricht das Herz an, heute, und sammelt seine Leute. Und blieben wir auch lieber stehn – zu wem denn sollen wir sonst gehn? Er will uns alles geben, die Wahrheit und das Leben.
BG 237,3 Ad den Besten/Jürgen Henkys

Lukas 5,33–39   Lukas 12,35–48

Beginn der Passionszeit

5. Mittwoch **Eure Sünden haben des HERRN Angesicht vor euch verdeckt, so dass er nicht hört.**
Jesaja 59,2

Der Sünde Sold ist der Tod; die Gabe Gottes aber ist das ewige Leben in Christus Jesus, unserm Herrn. *Römer 6,23*

Jesus, du kamst von dem Throne, der gebührt dem Gottessohne; dass die Schuld vernichtet werde, kamst du auf die Menschenerde, gingst in menschlichem Gewande, uns zu lösen von dem Bande, mit dem Sünd und Todsgewalten uns in ihrer Macht sonst halten.
BG 230,1 Johann Amos Comenius/Theodor Gill

Matthäus 6,16–21   Lukas 12,49–53

6. Donnerstag **Vom Aufgang der Sonne bis zu ihrem Niedergang ist mein Name herrlich unter den Völkern, spricht der HERR Zebaoth.** *Maleachi 1,11*

Jesus spricht: Viele werden kommen von Osten und von Westen und mit Abraham und Isaak und Jakob im Himmelreich zu Tisch sitzen. *Matthäus 8,11*

Christliche Gemeinschaft ist eine der grössten Gaben, die Gott uns gibt. Dietrich Bonhoeffer

Kolosser 3,(5–7)8–11   Lukas 12,54–59

Weltgebetstag – Frauen laden ein

7. Freitag **Wo viel Worte sind, da geht's ohne Sünde nicht ab; wer aber seine Lippen im Zaum hält, ist klug.** *Sprüche 10,19*

Eure Rede aber sei: Ja, ja; nein, nein. Was darüber ist, das ist vom Bösen. *Matthäus 5,37*

Ein friedlicher Mensch tut mehr als ein gelehrter.

Angelo Roncalli

Esra 9,5–9.13–15   Lukas 13,1–9

8. Samstag **So spricht der HERR: Suchet mich, so werdet ihr leben.** *Amos 5,4*

Simon Petrus sprach zu Jesus: Herr, wohin sollen wir gehen? Du hast Worte des ewigen Lebens. *Johannes 6,68*

März 44

Ach sucht doch den; lasst alles stehn, die ihr das Heil begehret; er ist der Herr, und keiner mehr, der euch das Heil gewähret. Sucht ihn all Stund von Herzensgrund, sucht ihn allein; denn wohl wird sein dem, der ihn herzlich ehret.
276,3 Georg Weissel
Daniel 5,1–7.17–30   Lukas 13,10–17

---

1. SONNTAG DER PASSIONSZEIT INVOCAVIT
(*Er ruft* mich *an*, darum will ich ihn erhören.
Psalm 91,15)

Dazu ist erschienen der Sohn Gottes, dass er die Werke des Teufels zerstöre.   *1. Johannes 3,8b*
Lesungen: Matthäus 4,1–11
1. Mose 3,1–19(20–24)   Psalm 10
Predigtvorschlag: Hebräer 4,14–16

---

9. Sonntag   **Es freue sich das Herz derer, die den HERRN suchen!**   *Psalm 105,3*
Der Gott der Hoffnung aber erfülle euch mit aller Freude und Frieden im Glauben, dass ihr immer reicher werdet an Hoffnung durch die Kraft des Heiligen Geistes.   *Römer 15,13*

Du durchdringest alles; lass dein schönstes Lichte, Herr, berühren mein Gesichte. Wie die zarten Blumen willig sich entfalten und der Sonne stillehalten, lass mich so still und froh deine Strahlen fassen und dich wirken lassen.
162,5 Gerhard Tersteegen

März

10. Montag Ich liege und schlafe ganz mit Frieden; denn allein du, HERR, hilfst mir, dass ich sicher wohne. *Psalm 4,9*

Jesus spricht: **Frieden lasse ich euch, meinen Frieden gebe ich euch. Nicht gebe ich euch, wie die Welt gibt. Euer Herz erschrecke nicht und fürchte sich nicht.** *Johannes 14,27*

Mag schwinden das Leben, mag nahen der Tod, Wir können nicht sinken, denn Helfer ist Gott.

Georg Friedrich Händel

Jakobus 1,1–6(7–11)12.13   3. Mose 1,1–9

11. Dienstag Josua sprach zum Volk: Ihr seid Zeugen gegen euch selbst, dass ihr euch den HERRN erwählt habt, um ihm zu dienen. Und sie sprachen: Ja! *Josua 24,22*

Brüder und Schwestern, bemüht euch umso eifriger, eure Berufung und Erwählung festzumachen. Denn wenn ihr dies tut, werdet ihr niemals straucheln, und so wird euch reichlich gewährt werden der Eingang in das ewige Reich unseres Herrn und Heilands Jesus Christus. *2. Petrus 1,10–11*

Entscheidet euch, sagt heute: Ja. Die angenehme Zeit ist da. Folgt heute freudig seinem Ruf, lebt dem, der neues Leben schuf.

BG 607,5   Charles Wesley/Ulrike Voigt

Hiob 1,1–22   3. Mose 8,1–13

März 46

12. Mittwoch **Zur selben Zeit und in jenen Tagen wird man die Missetat Israels suchen, spricht der HERR, aber es wird keine da sein, und die Sünden Judas, aber es wird keine gefunden werden; denn ich will sie vergeben.** *Jeremia 50,20*

Durch seine Wunden seid ihr heil geworden.
1. Petrus 2,24

Gebt, ihr Sünder, ihm die Herzen. Klagt, ihr Kranken, ihm die Schmerzen. Sagt, ihr Armen, ihm die Not. Alle Wunden kann er heilen; Balsam weiss er auszuteilen; Leben schenkt er selbst im Tod.
492,6   Philipp Friedrich Hiller

1. Korinther 10,9–13   3. Mose 9,1–24

13. Donnerstag **Noah fand Gnade vor dem HERRN.**
1. Mose 6,8

Ihr seid ein auserwähltes Geschlecht, ein königliches Priestertum, ein heiliges Volk, ein Volk zum Eigentum, dass ihr verkündigen sollt die Wohltaten dessen, der euch berufen hat aus der Finsternis in sein wunderbares Licht. *1. Petrus 2,9*

Ich weiss nicht, wozu Gott Sie besonders ruft, aber ich weiss sehr gut, wozu er alle Christen aufruft, Männer und Frauen, Priester und Laien, Ledige und Verheiratete: Apostel zu sein, Apostel durch das Beispiel, durch Güte, durch wohltuende Begegnung, durch herzliche Zuneigung, die Gegenliebe weckt und zu Gott führt.
Charles de Foucauld

Jakobus 4,1–10   3. Mose 16,1–22

März

14. Freitag Der HERR wird König sein über alle Lande. An jenem Tag wird der HERR der einzige sein und sein Name der einzige. *Sacharja 14,9*

Es ist über alle derselbe Herr, reich für alle, die ihn anrufen. *Römer 10,12*

Christus, unser Haupt und König, welchem alles untertänig und dem kein Geschöpf zu wenig, herrscht im Himmel und auf Erd.
BG 350,1 Christian Gregor
Hebräer 2,11–18   3. Mose 18,1–6.19–24

15. Samstag Du sollst mit einem neuen Namen genannt werden, welchen des HERRN Mund nennen wird. *Jesaja 62,2*

Wenn jemand zu Christus gehört, gehört er schon zur neuen Schöpfung. Das Alte ist vergangen, etwas Neues ist entstanden! *2. Korinther 5,17*

Gott gibt mir meinen Namen; er sagt mir, wer ich bin.
Er steckt den Lebensrahmen und gibt dem Leben Sinn.
Mein Kummer und mein Glück, mein Alltag, mein Geschick sind mitten in der Zeit ein Stück der Ewigkeit.
180,2 Peter Spangenberg
2. Thessalonicher 3,1–5   3. Mose 19,1–18

März

2. SONNTAG DER PASSIONSZEIT
REMINISCERE
(*Gedenke*, HERR, an deine Barmherzigkeit!
Psalm 25,6)

Gott erweist seine Liebe zu uns darin, dass Christus für uns gestorben ist, als wir noch Sünder waren.
Römer 5,8
Lesungen: Römer 5,1–5(6–11)   Jesaja 5,1–7
Psalm 25
Predigtvorschlag: Johannes 3,14–21

---

16. Sonntag   **Ich sprach, als es mir gut ging: Ich werde nimmermehr wanken. Aber als du dein Antlitz verbargest, erschrak ich.**   *Psalm 30,7.8*

Jesus spricht: **Ihr habt nun Traurigkeit; aber ich will euch wiedersehen, und euer Herz soll sich freuen, und eure Freude soll niemand von euch nehmen.**
Johannes 16,22

Werde licht! Aus Nacht und Sorgen mach dich auf und werde licht! Schau doch, wie ein neuer Morgen über deinem Haupt anbricht. Gott hat derer nicht vergessen, die im Finstern sind gesessen. Jesus, Gottes Licht und Segen, vor dir weicht die Finsternis, die auf unsern Lebenswegen unsern Tritt macht ungewiss. Herr, in Freuden und im Weinen lasse uns dein Licht erscheinen.
BG 221,1.5   Nach Johann Rist

17. Montag   **Wo ist solch ein Gott, wie du bist, der die Sünde vergibt und erlässt die Schuld denen, die geblieben sind als Rest seines Erbteils; der an seinem Zorn nicht ewig festhält, denn er hat Gefallen an Gnade!**   *Micha 7,18*

Maria sprach: **Gott gedenkt der Barmherzigkeit und hilft seinem Diener Israel auf.** *Lukas 1,54*

Der Herr gedenkt an sein Erbarmen, und seine Wahrheit stehet fest; er trägt sein Volk auf seinen Armen und hilft, wenn alles uns verlässt. Bald schaut der ganze Kreis der Erde, wie unsres Gottes Huld erfreut. Gott will, dass sie ein Eden werde. Rühm, Erde, Gottes Herrlichkeit!

55,2   Matthias Jorissen

Galater 6,(11–13)14–18   3. Mose 19,31–37

18. Dienstag   **HERR, du bist meine Stärke und Kraft und meine Zuflucht in der Not!** *Jeremia 16,19*

Paulus schreibt: **Ich weiss, an wen ich glaube, und bin gewiss, dass er bewahren kann, was mir anvertraut ist, bis an jenen Tag.** *2. Timotheus 1,12*

Gott, du Schutz im Schutzlosen, du Kraft in der Ohnmacht, du Halt im Haltlosen, du Weg im Weglosen, du Trost im Trostlosen, du Rat im Ratlosen, du Anfang im Ende. Unvorstellbar. Unsagbar. Und doch weiss dich unser Herz, wohnt in uns und in allem Lebendigen dein Name. Komm in unser Schweigen. Berühre uns.

                                                         Antje Sabine Naegeli

Hiob 2,1–10   3. Mose 25,1–12

März 50

19. Mittwoch Hiob antwortete dem HERRN: Siehe, ich bin zu gering, was soll ich antworten? Ich will meine Hand auf meinen Mund legen. *Hiob 40,3–4*

Paulus schreibt: **Jetzt erkenne ich stückweise; dann aber werde ich erkennen, gleichwie ich erkannt bin.**
1. Korinther 13,12

Wenn wir doch wüssten, was wir sagen sollen, wenn uns die Menschen nach dir fragen. Schenk uns doch Klarheit, gib uns doch Antwort, hilf uns dich und dein Wort zu verstehen.

BG 546,1 Otmar Schulz

Johannes 16,29–33   3. Mose 25,35–43

20. Donnerstag Wenn ich dich anrufe, so erhörst du mich und gibst meiner Seele grosse Kraft.
Psalm 138,3

Jesus spricht: **Wer da bittet, der empfängt; und wer da sucht, der findet; und wer da anklopft, dem wird aufgetan.** *Lukas 11,10*

Wir dürfen wissen, dass Gott weiss, was wir bedürfen, ehe wir darum bitten. Das gibt unserem Gebet grösste Zuversicht und fröhliche Gewissheit.

Dietrich Bonhoeffer

1. Johannes 1,8–2,2   Lukas 18,31–43

März

21. Freitag Den Demütigen wird der HERR Gnade geben. *Sprüche 3,34*

Es entstand auch ein Streit unter den Jüngern, wer von ihnen als der Grösste gelten könne. Jesus aber sagte zu ihnen: Die Könige herrschen über ihre Völker, und die Macht über sie haben, lassen sich als Wohltäter feiern. Unter euch aber soll es nicht so sein, sondern der Grösste unter euch werde wie der Jüngste, und wer herrscht, werde wie einer, der dient. *Lukas 22,24–26*

Du, Gott, erreiche uns mit deiner unendlichen Menschlichkeit, die nirgends erstarrt, weil sie immer auf den Menschen schaut, auf nichts anderes – und den Blick wegnimmt von Herkunft und Zukunft, von Titel und Karriere, von Nation und Hautfarbe, von Intelligenz und Wissen – denn diese deine Menschlichkeit soll sich ausbreiten und die Erde überstrecken zur Kenntlichkeit deines Willens, dass kein Mensch verloren gehe.   Clemens Frey

Hebräer 9,11–15   Lukas 19,1–10

22. Samstag Es kommt die Zeit, da werde ich meinen Geist ausgiessen über alle Menschen. *Joel 3,1*

Petrus sprach: **Jesus ist nun zur Rechten Gottes erhöht und hat vom Vater die verheissene Gabe, den heiligen Geist, empfangen, den er jetzt ausgegossen hat, wie ihr seht und hört.** *Apostelgeschichte 2,33*

März 52

Der Heilige Geist ist an keine Vorschrift gebunden, der agiert souverän, dem ist kein Volk zu weit, kein Erdboden zu verwünscht, keine Gegend zu finster, kein Mensch zu dumm oder zu klug, kein Greis zu weise und kein Wiegenkind zu unfähig. Er kann und will seine Wirkung auf's Herz haben, und das ist alles, was wir brauchen.

Nikolaus Ludwig von Zinzendorf

Galater 2,16–21   Lukas 19,11–27

---

3. SONNTAG DER PASSIONSZEIT – OCULI
(Meine *Augen* sehen stets auf den HERRN.

Psalm 25,15)

Wer die Hand an den Pflug legt und sieht zurück, der ist nicht geschickt für das Reich Gottes. *Lukas 9,62*
Lesungen: Lukas 9,57–62
Epheser 5,1–2(3–7)8–9
1. Könige 19,1–8(9–13a)   Psalm 34
Predigtvorschlag: Jeremia 20,7–11a(11b–13)

---

23. Sonntag   **Ich will des Morgens rühmen deine Güte; denn du bist mir Schutz und Zuflucht in meiner Not.**   *Psalm 59,17*

Paulus schreibt: **Gottes Hilfe habe ich erfahren bis zum heutigen Tag und stehe nun hier und bin sein Zeuge bei Klein und Gross.** *Apostelgeschichte 26,22*

Dank will ich dir, Gott, früh am Morgen bringen, durch Jesus Christus dir mein Loblied singen: Dein Arm ist diese Nacht um mich gewesen, hat mich bewahrt vor aller Macht des Bösen. In deiner Obhut, durch dein Schuldvergeben lass mich auch heut zu deinem Lobe leben.   Johann Amos Comenius

März

24. Montag **Es ist der HERR; er tue, was ihm wohlgefällt.** *1. Samuel 3,18*

Spricht Jesus zu ihnen: Kommt und haltet das Mahl! Niemand aber unter den Jüngern wagte, ihn zu fragen: Wer bist du? Denn sie wussten: Es ist der Herr. *Johannes 21,12*

Immer wieder hören wir dein Wort, immer wieder ist dein Mahl bereitet. Und wir spüren es an jedem Ort, dass uns deine Gegenwart begleitet.

Sabine Leonhardt

Lukas 14,(25.26)27–33(34–35)   Lukas 19,28–40

25. Dienstag **Noah war ein frommer Mann und ohne Tadel zu seinen Zeiten; er wandelte mit Gott.**
1. Mose 6,9

Wie der, der euch berufen hat, heilig ist, sollt auch ihr heilig sein in eurem ganzen Wandel.
1. Petrus 1,15

Lebe das, was du vom Evangelium verstanden hast. Und wenn es noch so wenig ist. Aber lebe es.

Frère Roger, Taizé

Hiob 7,11–21   Lukas 19,41–48

März 54

26. Mittwoch **Als einer im Elend rief, hörte der HERR und half ihm aus allen seinen Nöten.**
Psalm 34,7

Jesus spricht: **Kommt her zu mir, alle, die ihr mühselig und beladen seid; ich will euch erquicken.**
Matthäus 11,28

Gott hat uns nicht geschaffen, um uns in der Not zu verlassen. Michelangelo

Matthäus 19,16–26   Lukas 20,1–8

27. Donnerstag **Lobet Gott in den Versammlungen.** *Psalm 68,27*

Sie waren täglich einmütig beieinander im Tempel und brachen das Brot hier und dort in den Häusern, hielten die Mahlzeiten mit Freude und lauterem Herzen und lobten Gott und fanden Wohlwollen beim ganzen Volk. *Apostelgeschichte 2,46–47*

Dich, Gott Vater auf dem Thron, loben Grosse, loben Kleine; deinem eingebornen Sohn singt die heilige Gemeinde, und sie ehrt den Heilgen Geist, der uns seinen Trost erweist.

247,5 Ignaz Franz

1. Thessalonicher 2,13.14(15.16)17–20   Lukas 20,9–19

28. Freitag **Der HERR Zebaoth wird Jerusalem beschirmen, wie Vögel es tun mit ihren Flügeln, er wird beschirmen und erretten, schonen und befreien.**
Jesaja 31,5

Jesus sprach zu den Jüngern: **Geht hin zu den verlorenen Schafen aus dem Hause Israel. Geht aber und predigt und sprecht: Das Himmelreich ist nahe herbeigekommen.** *Matthäus 10,6–7*

In unserem Leben gibt es eine einzige Farbe, wie auf einer Künstlerpalette, die den Sinn des Lebens und der Kunst ausmacht. Es ist die Farbe der Liebe.

Marc Chagall

Markus 9,38–41(42–47)   Lukas 20,20–26

29. Samstag **Der HERR ist in seinem heiligen Tempel. Es sei stille vor ihm alle Welt!** *Habakuk 2,20*

Jesus lehrte und sprach zu ihnen: Steht nicht geschrieben: Mein Haus wird ein Bethaus heissen für alle Völker? *Markus 11,17*

Gott ist gegenwärtig. Lasset uns anbeten und in Ehrfurcht vor ihn treten. Gott ist in der Mitte. Alles in uns schweige und sich innigst vor ihm beuge. Wer ihn kennt, wer ihn nennt, schlag die Augen nieder; gebt das Herz ihm wieder.

162,1   Gerhard Tersteegen

Matthäus 16,24–27(28)   Lukas 20,27–40

4. SONNTAG DER PASSIONSZEIT – LAETARE
(*Freuet euch* mit Jerusalem! Jesaja 66,10)

Wenn das Weizenkorn nicht in die Erde fällt und erstirbt, bleibt es allein; wenn es aber erstirbt, bringt es viel Frucht. *Johannes 12,24*
Lesungen: Johannes 12,20–24   2. Korinther 1,3–7
Jesaja 54,7–10   Psalm 84
Predigtvorschlag: Johannes 6,47–51

---

30. Sonntag **Er ist der HERR, unser Gott, er richtet in aller Welt.** *Psalm 105,7*

Selig sind, die um der Gerechtigkeit willen verfolgt werden; denn ihrer ist das Himmelreich.
Matthäus 5,10

Gott will im Dunkel wohnen und hat es doch erhellt. Als wollte er belohnen, so richtet er die Welt. Der sich den Erdkreis baute, der lässt den Sünder nicht. Wer hier dem Sohn vertraute, kommt dort aus dem Gericht.
372,5 Jochen Klepper

31. Montag **Alle deine Geschöpfe sollen dich preisen, HERR, alle, die zu dir gehören, sollen dir danken!** *Psalm 145,10*

Mit Psalmen, Lobgesängen und geistlichen Liedern singt Gott dankbar in euren Herzen. *Kolosser 3,16*

Bei einer andächtigen Musik ist allezeit Gott mit seiner Gnaden Gegenwart. Johann Sebastian Bach
Johannes 6,26–29   Lukas 20,41–47

APRIL

1. Dienstag **Der Herr schafft Recht den Unterdrückten, den Hungrigen gibt er Brot.** *Psalm 146,7*
Der aber Samen gibt dem Sämann und Brot zur Speise, der wird auch euch Samen geben und ihn mehren und wachsen lassen die Früchte eurer Gerechtigkeit. *2. Korinther 9,10*

Herr, gib uns unser täglich Brot. Lass uns bereit sein, in der Not zu teilen, was du uns gewährt. Dein ist die Erde, die uns nährt.
464,1 Edwin Nievergelt

Hiob 9,14–23.32–35   Lukas 21,1–4

2. Mittwoch **Ein Sohn soll seinen Vater ehren. Bin ich nun Vater, wo ist meine Ehre?, spricht der Herr.** *Maleachi 1,6*
Gelobt sei Gott, der Vater unseres Herrn Jesus Christus, der Vater der Barmherzigkeit und Gott allen Trostes. *2. Korinther 1,3*

Zieh mich, o Vater, zu dem Sohne, damit dein Sohn mich wieder zieh zu dir; dein Geist in meinem Herzen wohne und meine Sinne und Verstand regier, dass ich den Frieden Gottes schmeck und fühl und dir darob im Herzen sing und spiel.
243,2 Bartholomäus Crasselius

Johannes 6,30–35(36)   Lukas 21,5–19

April 58

3. Donnerstag **Mein Volk tut eine zwiefache Sünde: Mich, die lebendige Quelle, verlassen sie und machen sich Zisternen, die doch rissig sind und das Wasser nicht halten.** *Jeremia 2,13*

Jesus spricht: **Wer von dem Wasser trinkt, das ich ihm gebe, den wird in Ewigkeit nicht dürsten, sondern das Wasser, das ich ihm geben werde, das wird in ihm eine Quelle des Wassers werden, das in das ewige Leben quillt.** *Johannes 4,14*

Ich hörte Jesu Wort und Ruf: «Wer durstig ist, der komm, und wer kein Geld hat, trinke nur umsonst vom Lebensstrom!» Ich kam und fand den Lebensquell bei Jesus und ich trank; da lebte meine Seele auf. Nun singt mein Lied ihm Dank.
BG 1049,2   Horatius Bonar

2. Korinther 4,11–18   Lukas 21,20–28

4. Freitag **Er wird sich unser wieder erbarmen und alle unsere Sünden in die Tiefen des Meeres werfen.** *Micha 7,19*

Wenn wir unsere Schuld eingestehen, ist Gott treu und gerecht: Er vergibt uns die Schuld und reinigt uns von allem Unrecht, das wir begangen haben.
1. Johannes 1,9

Wenn wir Gott unsere Schuld bringen, dann nimmt er sie und versenkt sie im Meer, da wo es am tiefsten ist. Und am Ufer stellt er ein Schild auf, darauf steht: Angeln verboten!   Corrie ten Boom

Johannes 16,16–23a   Lukas 21,29–38

April

5. Samstag **Der HERR macht arm und macht reich; er erniedrigt und erhöht.** *1. Samuel 2,7*

Ich sage jedem Einzelnen von euch: Überschätzt euch nicht und traut euch nicht mehr zu, als angemessen ist. Strebt lieber nach nüchterner Selbsteinschätzung. Und zwar jeder so, wie Gott es für ihn bestimmt hat – und wie es dem Massstab des Glaubens entspricht. *Römer 12,3*

Ach Herr, vor dir ist keiner reich und keiner los und ledig; spricht einer hier dem andern gleich: Gott sei mir Sünder gnädig! Du aber ludest uns zu dir, den Hunger uns zu stillen, willst uns aus lauter Liebe hier die leeren Hände füllen.
BG 602,2 Arno Pötzsch
Hoheslied 2,8–13   Lukas 22,1–6

---

5. SONNTAG DER PASSIONSZEIT – JUDICA
(*Schaffe* mir *Recht*, Gott! Psalm 43,1)

Der Menschensohn ist nicht gekommen, dass er sich dienen lasse, sondern dass er diene und gebe sein Leben als Lösegeld für viele. *Matthäus 20,28*
Lesungen: Markus 10,35–45
Hebräer 5,(1–6)7–9(10)
1. Mose 22,1–14(15–19)   Psalm 22,1–22
Predigtvorschlag: Johannes 18,28–19,5

April

6. Sonntag   Die im Elend ohne Obdach sind, führe ins Haus! *Jesaja 58,7*

Der König wird den Gerechten zur Antwort geben: Amen, ich sage euch: Was ihr einem dieser meiner geringsten Brüder getan habt, das habt ihr mir getan. *Matthäus 25,40*

Wenn Gott wissen will, wie sehr ich ihn liebe, dann fragt er nicht mich, sondern meinen Nächsten.

Walter Lüthi

7. Montag   Der HERR schafft Gerechtigkeit und Recht allen, die Unrecht leiden. *Psalm 103,6*

Wer nun weiss, Gutes zu tun, und tut's nicht, dem ist's Sünde. *Jakobus 4,17*

Du, der du alle Völker liebst und deine Güte allen gibst: Dass jedem Volk geholfen sei, mach es von aller Knechtschaft frei. Gott, schenke Freiheit, Fried und Recht dem ganzen menschlichen Geschlecht. Dich preise unser Lobgesang vom Aufgang bis zum Niedergang.

517,4–5   Philadelphia 1849

Johannes 1,29–34   Lukas 22,7–23

8. Dienstag   Der HERR, euer Gott, ist gnädig und barmherzig und wird sein Angesicht nicht von euch wenden, wenn ihr euch zu ihm bekehrt.

2. Chronik 30,9

Jesus sprach zu Simon: **Ich habe für dich gebeten, dass dein Glaube nicht aufhöre. Und wenn du dann umkehrst, so stärke deine Brüder.** *Lukas 22,32*

Wenn wir in Frieden beieinander wohnten, Gebeugte stärkten und die Schwachen schonten, dann würden wir den letzten heilgen Willen des Herrn erfüllen.
448,5 Johann Andreas Cramer
Hiob 19,21–27   Lukas 22,24–30

9. Mittwoch **Die auf den HERRN sehen, werden strahlen vor Freude, und ihr Angesicht soll nicht schamrot werden.** *Psalm 34,6*
Jesus spricht: **Ein Beispiel habe ich euch gegeben, damit ihr tut, wie ich euch getan habe.** *Joh. 13,15*
Wer kommt zum Licht? Der die Wahrheit tut! Was heisst das? Wahrheit soll geschehen, sie soll nicht nur gedacht werden oder gewollt, sondern getan werden. Nicht durch Denken wirst du zum Licht kommen, sagt Jesus, sondern durch das, was du tust; freilich nicht durch irgend Tun, sondern durch das Tun der Wahrheit. Die Wahrheit selbst wird dich durch dein Tun zum Licht bringen. Dietrich Bonhoeffer
Klagelieder 3,1–8.14–20   Lukas 22,31–38

10. Donnerstag **In deiner Hand, HERR, steht es, jedermann gross und stark zu machen.**
1. Chronik 29,12
Beugt euch also demütig unter die starke Hand Gottes, damit er euch zu seiner Zeit erhöhe. *1. Petrus 5,6*
Es gibt viele Leute, die die grossen Dinge tun können. Aber es gibt sehr wenig Leute, die die kleinen Dinge tun wollen. Mutter Teresa
Jeremia 15,15–21   Lukas 22,39–46

April

11. Freitag **Dein Reich ist ein ewiges Reich, und deine Herrschaft währet für und für.** *Psalm 145,13*

Der Seher Johannes schreibt: **Jedes Geschöpf, das im Himmel ist und auf Erden und unter der Erde und auf dem Meer und alles, was darin ist, hörte ich sagen: Dem, der auf dem Thron sitzt, und dem Lamm sei Lob und Ehre und Preis und Gewalt von Ewigkeit zu Ewigkeit!** *Offenbarung 5,13*

Sing Halleluja! Dank und Preis sei fröhlich angestimmt! Von jedermann, ob Kind, ob Greis, Gott gern sein Lob vernimmt. Sing immerdar, erlöste Schar, bis einst im Licht unwandelbar Gott Vater, Sohn und Heilgen Geist die ganze Schöpfung preist.
BG 1035,1   John Swertner/Helge Heisler
Hebräer 10,1.11–18   Lukas 22,47–53

12. Samstag **Josua fiel auf sein Angesicht zur Erde nieder, betete an und sprach: Was sagt mein Herr seinem Knecht?** *Josua 5,14*

Saul sprach: Herr, wer bist du? Der Herr sprach: Ich bin Jesus, den du verfolgst; steh nun auf und stell dich auf deine Füsse. Denn dazu bin ich dir erschienen, um dich zu erwählen zum Diener und zum Zeugen für das, was du gesehen hast und wie ich dir erscheinen will. *Apostelgeschichte 26,15–16*

Herr, du hast uns ausgesendet und begleitest unsern Schritt. Wo wir unsern Nächsten suchen, gehst du selber liebend mit. Herr, du wartest in den Ärmsten längst darauf, dass wir dir nah'n, denn was wir für andre wirken, ist dann wie für dich getan.   Nach Johannes Jourdan

Offenbarung 14,1–3(4.5)   Lukas 22,54–62

6. SONNTAG DER PASSIONSZEIT
PALMSONNTAG

Der Menschensohn muss erhöht werden, auf dass alle, die an ihn glauben, das ewige Leben haben.
Johannes 3,14b.15
Lesungen: Johannes 12,12–19   Philipper 2,5–11
Psalm 22,23–32
Predigtvorschlag: Jesaja 50,4–9

13. Sonntag   **Es übervorteile keiner seinen Nächsten, sondern fürchte dich vor deinem Gott.**
3. Mose 25,17

Seid so unter euch gesinnt, wie es der Gemeinschaft in Christus Jesus entspricht. *Philipper 2,5*

Lass mich an andern üben, was du an mir getan, und meinen Nächsten lieben, gern dienen jedermann ohn Eigennutz und Heuchelschein und, wie du mir erwiesen, aus reiner Lieb allein.   BG 254,5   Justus Gesenius

14. Montag   **Die Erde ist voll der Güte des Herrn.**
Psalm 33,5

Gott hat sich selbst nicht unbezeugt gelassen, hat viel Gutes getan und euch vom Himmel Regen und fruchtbare Zeiten gegeben, hat euch ernährt und eure Herzen mit Freude erfüllt. *Apostelgesch. 14,17*

Wir leben, Herr, noch immer vom Segen der Natur. Licht, Luft und Blütenschimmer sind deiner Hände Spur. Wer Augen hat zu sehen, ein Herz, das staunen kann, der muss in Ehrfurcht stehen und betet mit uns an.
BG 849,3   Detlev Block
Matthäus 26,6–13   Lukas 22,63–71

April 64

15. Dienstag **Was können die Weisen Weises lehren, wenn sie des Herrn Wort verwerfen?**
Jeremia 8,9

Wo sind die Klugen? Wo sind die Schriftgelehrten? Wo sind die Weisen dieser Welt? Hat nicht Gott die Weisheit der Welt zur Torheit gemacht?
1. Korinther 1,20

Seh ich dein Kreuz den Klugen dieser Erden ein Ärgernis und eine Torheit werden: so sei's doch mir, trotz allen frechen Spottes, die Weisheit Gottes. Dies schlägt den Stolz und mein Verdienst darnieder; es stürzt mich tief und es erhebt mich wieder, lehrt mich mein Glück, macht mich aus Gottes Feinde zu Gottes Freunde.
449,7.4 Christian Fürchtegott Gellert
Hiob 38,1–11(40,1–5)   Lukas 23,1–12

16. Mittwoch **Ein Mensch ist in seinem Leben wie Gras, er blüht wie eine Blume auf dem Felde; wenn der Wind darüber geht, so ist sie nimmer da. Die Gnade aber des Herrn währt von Ewigkeit zu Ewigkeit.** *Psalm 103,15–16.17*

Denn was jetzt vergänglich ist, muss mit Unvergänglichkeit bekleidet werden, und was jetzt sterblich ist, muss mit Unsterblichkeit bekleidet werden.
1. Korinther 15,53

Aus Staub bin ich gemacht, zu Staub hin werd ich kehren, doch werd ich über Nacht von Gottes Brote zehren. Dass ich nicht schrecken mag, wird er mich sanft zudecken und mich am hellen Tag durch Jesus auferwecken.   BG 963,1.4 Friedemann Schäfer
Lukas 22,1–6   Lukas 23,13–25

GRÜNDONNERSTAG

Er hat ein Gedächtnis gestiftet seiner Wunder, der gnädige und barmherzige HERR. *Psalm 111,4*
Lesungen: Johannes 13,1–15.34–35
2. Mose 12,1–4(5)6–8(9)10–14   Lukas 23,26–31
Predigtvorschlag:
1. Korinther 11,(17–22)23–26(27–29.33–34a)

17. Donnerstag **Dennoch bleibe ich stets an dir; denn du hältst mich bei meiner rechten Hand.**
Psalm 73,23

Jesus betete: **Vater, willst du, so nimm diesen Kelch von mir; doch nicht mein, sondern dein Wille geschehe! Es erschien ihm aber ein Engel vom Himmel und stärkte ihn.** *Lukas 22,42–43*

Glauben kann heissen: zittern und zagen – und doch nicht verzagen. Glauben heisst: fragen, fragen, fragen – nicht locker lassen. Und manchmal heisst glauben: schweigen, weil Worte fehlen. Glauben heisst sogar: trotzig sein – sagen: ich kann nicht mehr, ich will nicht mehr – und sich dabei doch an Gott festhalten.

Yvette Mayer

KARFREITAG

Also hat Gott die Welt geliebt, dass er seinen eingeborenen Sohn gab, auf dass alle, die an ihn glauben, nicht verloren werden, sondern das ewige Leben haben. *Johannes 3,16*
Lesungen: 2. Korinther 5,(14b–18)19–21
Jesaja 52,13–15; 53,1–12   Lukas 23,32–49
Predigtvorschlag: Johannes 19,16–30

April

18. Freitag Er heisst Wunder-Rat, Gott-Held, Ewig-Vater, Friede-Fürst. *Jesaja 9,5*

Gott war in Christus und versöhnte die Welt mit ihm selber und rechnete ihnen ihre Sünden nicht zu und hat unter uns aufgerichtet das Wort von der Versöhnung. *2. Korinther 5,19*

Nun in heilgem Stilleschweigen stehen wir auf Golgatha. Tief und tiefer wir uns neigen vor dem Wunder, das geschah, als der Freie ward zum Knechte und der Grösste ganz gering, als für Sünder der Gerechte in des Todes Rachen ging.

BG 284,2 Friedrich von Bodelschwingh

19. Samstag Der HERR hat mich gesandt, zu verkündigen ein gnädiges Jahr des HERRN und einen Tag der Rache unseres Gottes. *Jesaja 61,1.2*

Jesus sagte zu dem Verbrecher: Amen, ich sage dir: Heute noch wirst du mit mir im Paradies sein.
Lukas 23,43

Die Gestalt des Gerichteten und Gekreuzigten bleibt einer Welt, in der der Erfolg das Mass und die Rechtfertigung aller Dinge ist, fremd und im besten Falle bemitleidenswert. Die Gestalt des Gekreuzigten setzt alles am Erfolg ausgerichtete Denken ausser Kraft.

Dietrich Bonhoeffer

1. Petrus 3,18–22   Lukas 23,50–56

OSTERFEST

Christus spricht: Ich war tot, und siehe, ich bin lebendig von Ewigkeit zu Ewigkeit und habe die Schlüssel des Todes und der Hölle. *Offenbarung 1,18*
Lesungen: Markus 16,1–8   1. Korinther 15,1–11
1. Samuel 2,1–8a   Lukas 24,1–12
Predigtvorschlag: Johannes 20,11–18

---

20. Sonntag   Als Hiskia den Brief gelesen hatte, ging er hinauf zum Hause des HERRN und breitete ihn aus vor dem HERRN.   *2. Könige 19,14*

Jesus nahm mit sich Petrus, Johannes und Jakobus und ging auf einen Berg, um zu beten.   *Lukas 9,28*

Auferstanden, auferstanden ist der Herr und in ewgen Lichtgewanden der Verklärung wandelt er. Keiner bebe! Der Erhöhte ruft uns zu: Ich war tot und sieh, ich lebe; leben, leben sollst auch du.   Friedrich Mohn

---

OSTERMONTAG

Lesungen: Lukas 24,13–35   1. Korinther 15,50–58
Lukas 24,13–35
Predigtvorschlag: Jesaja 25,6–9

---

21. Montag   Wenn ihr euch von ganzem Herzen zu dem HERRN bekehren wollt, so tut von euch die fremden Götter.   *1. Samuel 7,3*

Für uns gilt: Nur einer ist Gott – der Vater. Alles hat in ihm seinen Ursprung, und er ist das Ziel unseres Lebens. Und nur einer ist der Herr: Jesus Christus. Alles ist durch ihn entstanden, und durch ihn haben wir das Leben.   *1. Korinther 8,6*

April 68

Ich glaube: Gottes Schöpfermacht hat uns den Ostersieg gebracht; denn alles, was mein Glaube sieht, spricht seine Sprache, singt sein Lied.
271,3 Peter Spangenberg

22. Dienstag Wir gingen alle in die Irre wie Schafe, ein jeder sah auf seinen Weg. Aber der HERR warf unser aller Sünde auf ihn. *Jesaja 53,6*
Christus hat unsre Sünden selbst hinaufgetragen an seinem Leibe auf das Holz, damit wir, den Sünden abgestorben, der Gerechtigkeit leben.
1. Petrus 2,24

Singt Lob und Dank mit freiem Klang unserm Herrn zu allen Zeiten und tut sein Ehr je mehr und mehr mit Wort und Tat weit ausbreiten: So wird er uns aus Lieb und Gunst nach unserm Tod, frei aller Not, zur ewgen Freude geleiten. BG 331,3 Georg Vetter

Johannes 20,1–10 Lukas 24,36–49

23. Mittwoch **Ich bin der allmächtige Gott; wandle vor mir und sei fromm.** *1. Mose 17,1*
Jesus spricht zu Thomas: Reiche deinen Finger her und sieh meine Hände, und reiche deine Hand her und lege sie in meine Seite, und sei nicht ungläubig, sondern gläubig! *Johannes 20,27*

Jesus Christus, du hast uns den Glauben vorgelebt. Gib uns Glauben. Wohin sollen wir gehen ausser zu dir, wenn unser Glaube erloschen ist. Glaube an unserer Stelle, damit unser Glaube anfängt zu leben in der Stunde, die du bestimmst. Jörg Zink

Johannes 20,11–18 Lukas 24,50–53

April

24. Donnerstag **Mein Herz freut sich, dass du so gerne hilfst.** *Psalm 13,6*

Sie wunderten sich über die Massen und sprachen: Er hat alles wohl gemacht; die Tauben macht er hören und die Sprachlosen reden. *Markus 7,37*

Jubeln will ich, Gott, jubeln, weil ich am Ende eines dunklen Teils meines Lebens den hellen Ausgang gefunden habe; jubeln, weil mich die Angst nicht mehr zerfrisst, sondern ich zunehme an Zuversicht; jubeln, weil mein Körper nicht mehr dahinwankt, denn er hat neue Kraft gefunden; jubeln, weil du zu mir durchgehalten hast, vom Anfang bis ans Ende. Im Elend warst du bei mir und sollst es jetzt sein, da ich vor dir juble.

Clemens Frey

Johannes 21,1–14   Kolosser 1,1–8

25. Freitag **Die Israeliten sprachen zu Samuel: Lass nicht ab, für uns zu schreien zu dem HERRN, unserm Gott, dass er uns helfe.** *1. Samuel 7,8*

Paulus schreibt aus dem Gefängnis: **Ich weiss: Alles, was ich jetzt durchmache, wird zuletzt zu meiner Rettung führen. Darin unterstützen mich eure Gebete und der Geist, durch den Jesus Christus mir beisteht.** *Philipper 1,19*

Um manchen Menschen mache ich mir Sorgen und möcht ihm helfen, doch ich kann es nicht. Ich wünsche nur, er wär bei dir geborgen und fände aus dem Dunkel in dein Licht.

BG 650,3

Lothar Zenetti

Lukas 24,36–47   Kolosser 1,9–14

April

26. Samstag **Wer Geld liebt, wird vom Geld niemals satt, und wer Reichtum liebt, wird keinen Nutzen davon haben.** *Prediger 5,9*

Wir haben nichts in die Welt gebracht; darum können wir auch nichts hinausbringen. Wenn wir aber Nahrung und Kleider haben, so wollen wir uns damit begnügen. *1. Timotheus 6,7–8*

Wenn es den Kirchen gelingen würde, ihr Zeugnis aus den Verstrickungen des Geldes zu befreien! Wenn wir, die wir die andern bekehren wollen, persönlich, authentisch, ein Beispiel tiefer innerer Bekehrung geben würden! Dom Hélder Câmara

Lukas 24,1–12   Kolosser 1,15–20

---

1. SONNTAG NACH OSTERN QUASIMODOGENITI
(*Wie die neugeborenen Kindlein.*   1. Petrus 2,2)

Gelobt sei Gott, der Vater unseres Herrn Jesus Christus, der uns nach seiner grossen Barmherzigkeit wiedergeboren hat zu einer lebendigen Hoffnung durch die Auferstehung Jesu Christi von den Toten.
1. Petrus 1,3

Lesungen: Johannes 20,19–20(21–23)24–29
Jesaja 40,26–31   Psalm 116
Predigtvorschlag: 1. Petrus 1,3–9

27. Sonntag **Das ist mir lieb, dass der HERR meine Stimme und mein Flehen hört.** *Psalm 116,1*

Jesus erzählt im Gleichnis: **Der Schuldner warf sich vor ihm nieder und bat: Hab doch Geduld mit mir! Ich will dir ja alles zurückzahlen. Da bekam der Herr Mitleid; er gab ihn frei und erliess ihm auch noch die ganze Schuld.** *Matthäus 18,26–27*

Er hat uns wissen lassen sein herrlich Recht und sein Gericht, dazu sein Güt ohn Massen, es mangelt an Erbarmung nicht; sein' Zorn lässt er wohl fahren, straft nicht nach unsrer Schuld, die Gnad tut er nicht sparen, den Schwachen ist er hold; sein Güt ist hoch erhaben ob den', die fürchten ihn; so fern der Ost vom Abend, ist unsre Sünd dahin.
BG 686,2 Johann Gramann

28. Montag **Eile, mir beizustehen, Herr, meine Hilfe!** *Psalm 38,23*

Jesus fragte den Blinden: Was soll ich für dich tun? Er sagte: Herr, mach, dass ich wieder sehen kann! Und Jesus sagte zu ihm: Du sollst wieder sehen! Dein Glaube hat dich gerettet. Und auf der Stelle sah er wieder, und er folgte ihm und pries Gott.
Lukas 18,40–43

Sprich nicht: «Ich sehe keine Mittel, wo ich such, ist nichts zum besten.» Denn das ist Gottes Ehrentitel: helfen, wenn die Not am grössten. Wenn ich und du ihn nicht mehr spüren, tritt er herzu, uns wohl zu führen. Gib dich zufrieden!
BG 683,8 Paul Gerhardt

1. Johannes 5,1–5   Kolosser 1,21–23

April

29. Dienstag **Wer seinen Nächsten verachtet, versündigt sich; aber wohl dem, der sich der Elenden erbarmt!** *Sprüche 14,21*

Wenn ihr alles getan habt, was Gott euch befohlen hat, dann sagt: Wir sind Diener, weiter nichts; wir haben nur getan, was uns aufgetragen war. *Lukas 17,10*

Die Werke der Nächstenliebe sind nichts anderes als ein Überfliessen der Liebe Gottes, die in uns ist. Je tiefer jemand mit Gott verbunden ist, desto mehr liebt er den Nächsten. Mutter Teresa

Hiob 42,7–13(14–17) Kolosser 1,24–29

30. Mittwoch **Dein, HERR, ist die Grösse und die Macht und die Herrlichkeit und der Ruhm und die Hoheit. Denn alles im Himmel und auf Erden ist dein.** *1. Chronik 29,11*

Gott hat uns wissen lassen das Geheimnis seines Willens nach seinem Ratschluss, den er zuvor in Christus gefasst hatte, um die Fülle der Zeiten heraufzuführen, auf dass alles zusammengefasst würde in Christus, was im Himmel und auf Erden ist, durch ihn. *Epheser 1,9–10*

Gott ist Herr, der Herr ist Einer, und demselben gleichet keiner, nur der Sohn, der ist ihm gleich; Christi Thron ist unumstösslich, Christi Leben unauflöslich, und sein Reich ein ewig Reich. Gleicher Macht und gleicher Ehren, sitzt er unter lichten Chören über allen Kerubim. In der Welt und Himmel Enden hat er alles in den Händen; denn der Vater gab es ihm.
492,3–4 Philipp Friedrich Hiller

Jesaja 66,6–13(14) Kolosser 2,1–5

MAI

1. Donnerstag   All sein Tun ist Wahrheit, und seine Wege sind recht, und wer stolz einherschreitet, den kann er demütigen. *Daniel 4,34*

Der Hauptmann aber, der dabeistand, Jesus gegenüber, und sah, dass er so verschied, sprach: Wahrlich, dieser Mensch ist Gottes Sohn gewesen!
Markus 15,39

Christe, du Schöpfer aller Welt, du König, der die Gläubgen hält, weil unser Bitten dir gefällt, nimm unser Loblied an, o Held. Vor dem die Sterne neigen sich, du kamst ins Fleisch demütiglich, darin zu leiden williglich; in Todesschmerz dein Leib erblich. Du hangst am Kreuze sterbend hier und doch erbebt die Erd vor dir, der Geist der Kraft geht aus von dir, die stolze Welt erblasst vor dir.
BG 244,1.3.5   Theodor Kliefoth
1. Petrus 2,1–10   Kolosser 2,6–10

2. Freitag   Ich will dich nicht verlassen noch von dir weichen. *Josua 1,5*

Siehe, da tat sich Jesus der Himmel auf, und er sah den Geist Gottes wie eine Taube herabfahren und über sich kommen. *Matthäus 3,16*

Mai

Es heisst, dass einer mit mir geht, der's Leben kennt,
der mich versteht, der mich zu allen Zeiten kann geleiten. Es heisst, dass einer mit mir geht. Sie nennen
ihn den Herren Christ, der durch den Tod gegangen ist;
er will durch Leid und Freuden mich geleiten. Ich
möcht, dass er auch mit mir geht.
BG 594,3–4   Hanns Köbler
Offenbarung 7,13–17   Kolosser 2,11–15

3. Samstag **HERR, neige mein Herz zu deinen Zeugnissen und nicht zur Habsucht.** *Psalm 119,36*
Sei du selbst ihnen ein Vorbild im Tun des Guten und, was die Lehre betrifft, ein Beispiel deines unbestechlichen Urteils, von allen geachtet und untadelig in der Verkündigung des gesunden Wortes, so dass dein Gegenspieler beschämt wird und nichts Schlechtes mehr über uns zu sagen weiss.
Titus 2,7–8

Was ein Mensch an Gütigkeit in die Welt hinausgibt,
arbeitet an den Herzen und an dem Denken der Menschen.   Albert Schweitzer
Apostelgeschichte 8,26–39   Kolosser 2,16–23

     3. Mai 1728: Beginn der Losungen in Herrnhut

2. SONNTAG NACH OSTERN
MISERICORDIAS DOMINI
(Die Erde ist voll der *Güte des HERRN.* Psalm 33,5)

Christus spricht: Ich bin der gute Hirte. Meine Schafe hören meine Stimme, und ich kenne sie und sie folgen mir; und ich gebe ihnen das ewige Leben.
Johannes 10,11a.27–28a
Lesungen: 1. Petrus 2,21b–25
Hesekiel 34,1–2(3–9)10–16.31   Psalm 23
Predigtvorschlag: Johannes 10,11–16(27–30)

4. Sonntag   Der HERR ist meine Stärke und mein Lobgesang und ist mein Heil.   *2. Mose 15,2*

Maria sprach: **Gewaltiges hat er vollbracht mit seinem Arm, zerstreut hat er, die hochmütig sind in ihrem Herzen.**   *Lukas 1,51*

Es müssen, Herr, sich freuen von ganzer Seel und jauchzen hell, die unaufhörlich schreien: «Gelobt sei der Gott Israel'!» Sein Name sei gepriesen, der grosse Wunder tut und der auch mir erwiesen das, was mir nütz und gut. Nun, dies ist meine Freude, zu hangen fest an dir, dass nichts von dir mich scheide, solang ich lebe hier.
BG 34,2   Johann Rist

5. Montag   Der HERR verstösst nicht ewig; sondern er betrübt wohl und erbarmt sich wieder nach seiner grossen Güte.   *Klagelieder 3,31–32*

Zacharias forderte eine kleine Tafel und schrieb: Er heisst Johannes. Und sie wunderten sich alle. Und sogleich wurde sein Mund und seine Zunge aufgetan, und er redete und lobte Gott.   *Lukas 1,63–64*

Mai 76

Auf dich nur will ich schauen auch diesen Tag mit meiner Not und will mich Dir vertrauen, Du grosser Helfer, Herr und Gott. Du kannst doch alles wenden, bist mächtiger als alle Macht, und ich bin sicher Tag und Nacht in Deinen starken Händen. *Arno Pötzsch*

Johannes 10,1–10   Kolosser 3,1–4

6. Dienstag So hört nun, ihr, die ihr ferne seid, was ich getan habe, und die ihr nahe seid, erkennt meine Stärke! *Jesaja 33,13*

Jesus spricht zu Marta: Habe ich dir nicht gesagt: Wenn du glaubst, wirst du die Herrlichkeit Gottes sehen? *Johannes 11,40*

Maria Magdalena hat uns die Nachricht gegeben: Ich habe den Herrn gesehen; ruhiger denn je, gelassener denn je und freier als alle Freiheit. Alle Grosszügigkeit war um ihn versammelt, alle Liebe in ihm; und so hat er uns verlassen, um Tag und Nacht bei uns zu sein.

Hanns Dieter Hüsch

Matthäus 9,35–10,1   Kolosser 3,5–11

7. Mittwoch Der Herr antwortete Hiob: Wo warst du, als ich die Erde gründete und zum Meer sprach: «Bis hierher sollst du kommen und nicht weiter; hier sollen sich legen deine stolzen Wellen!»? *Hiob 38,4.11*

Jesus stand auf und bedrohte den Wind und das Meer; und es ward eine grosse Stille. Die Menschen aber verwunderten sich und sprachen: Was ist das für ein Mann, dass ihm Wind und Meer gehorsam sind? *Matthäus 8,26–27*

Wenn dichte Wolken den Himmel bedecken und heftiger Sturm ausbricht, so sehen unsere Augen nur traurige Finsternis, unsere Ohren betäubt der Donner und alle unsere Sinne erstarren vor Schrecken; deshalb scheint uns alles zusammenzubrechen und durcheinander zu geraten – aber unterdessen bleibt im Himmel stets die gleiche Ruhe und Heiterkeit. Johannes Calvin

Johannes 17,20–26   Kolosser 3,12–17

8. Donnerstag **Gott verkündigte euch seinen Bund, den er euch gebot zu halten, nämlich die Zehn Worte, und schrieb sie auf zwei steinerne Tafeln.** *5. Mose 4,13*

Jesus sprach: **Ihr sollt nicht meinen, dass ich gekommen bin, das Gesetz oder die Propheten aufzulösen; ich bin nicht gekommen aufzulösen, sondern zu erfüllen.** *Matthäus 5,17*

Das Böse kann nicht mit der ganzen Seele getan werden; das Gute kann nur mit der ganzen Seele getan werden. Martin Buber

Epheser 4,11–16   Kolosser 3,18–4,1

9. Freitag **Dein Volk spricht: «Der HERR handelt nicht recht», während doch sie nicht recht handeln.** *Hesekiel 33,17*

Geht es bei Gott etwa ungerecht zu? Gewiss nicht! *Römer 9,14*

Mai

Sieh nicht, was andre tun, der andern sind so viel, du kommst nur in ein Spiel, das nimmermehr wird ruhn. Geh einfach Gottes Pfad, lass nichts sonst Führer sein, so gehst du recht und grad, und gingst du ganz allein.
821,1.2 Christian Morgenstern
Hesekiel 34,23–31   Kolosser 4,2–6

10. Samstag **Bin ich nur ein Gott, der nahe ist, spricht der HERR, und nicht auch ein Gott, der ferne ist?** *Jeremia 23,23*
Zu der neunten Stunde rief Jesus laut: Eli, Eli, lama asabtani? Das heisst übersetzt: Mein Gott, mein Gott, warum hast du mich verlassen? *Markus 15,34*
Bruder Christus, abgrundtief hast du für die Welt gelitten, einsam in der Hölle Mitten, bis dich Gott ins Leben rief. Du bist Gottes Angesicht. Nur um deiner Liebe willen will ich meine Klagen stillen, Bruder Christus, Trost und Licht!   BG 946,3   Jörg Zink
Johannes 14,1–6   Kolosser 4,7–18

---

3. SONNTAG NACH OSTERN – JUBILATE
(*Jauchzet* Gott, alle Lande!   Psalm 66,1)

Ist jemand in Christus, so ist er eine neue Kreatur; das Alte ist vergangen, siehe, Neues ist geworden.
2. Korinther 5,17

Lesungen: Johannes 15,1–8
Apostelgeschichte 17,22–34
1. Mose 1,1–4a(4b–25)26–28(29–30)31a(31b);
2,1–4a   Psalm 45
Predigtvorschlag: Sprüche 8,22–36

79 — Mai

11. Sonntag **Du sollst nicht stehlen.** *2. Mose 20,15*

Wer stiehlt, stehle nicht mehr, sondern arbeite und tue etwas Rechtes mit seinen Händen, damit er etwas hat, das er dem Notleidenden geben kann.
Epheser 4,28

Haben und nichts geben ist in manchen Fällen schlechter als stehlen. Marie von Ebner-Eschenbach

12. Montag **Wenn ihr mich von ganzem Herzen suchen werdet, so will ich mich von euch finden lassen, spricht der HERR.** *Jeremia 29,13–14*

Und siehe, eine Frau, die seit zwölf Jahren den Blutfluss hatte, trat von hinten an ihn heran und berührte den Saum seines Gewandes. Denn sie sprach bei sich selbst: Wenn ich nur sein Gewand berühre, so werde ich gesund. Da wandte sich Jesus um und sah sie und sprach: Sei getrost, meine Tochter, dein Glaube hat dir geholfen. Und die Frau wurde gesund zu derselben Stunde. *Matthäus 9,20–22*

Herr, wie gross war der Schritt, den ich heute auf dich zugegangen bin? War es ein grosser? Oder war es nur ein winzig kleiner? Herr, ich bin mit deiner Hilfe unterwegs. Ohne dich kann ich gar nichts tun. Ich bin auf dein Vertrauen, deine Liebe und deine Hilfe angewiesen. Ich bitte dich um deinen Segen.

Elisabeth Wiesbaum

Römer 1,18–25   Joel 1,1–20

Mai

13. Dienstag
Ich freue mich über dein Wort wie einer, der grosse Beute macht. *Psalm 119,162*

Das Himmelreich gleicht einem Schatz, verborgen im Acker, den ein Mensch fand und verbarg; und in seiner Freude geht er hin und verkauft alles, was er hat, und kauft den Acker. *Matthäus 13,44*

Sein guter Schatz ist aufgetan, des Himmels ewges Reich. Zu segnen hebt er täglich an und bleibt sich immer gleich.
584,9 Jochen Klepper

1. Timotheus 4,(1–3)4.5   Joel 2,1–11

14. Mittwoch
Nähme ich Flügel der Morgenröte und bliebe am äussersten Meer, so würde auch dort deine Hand mich führen und deine Rechte mich halten. *Psalm 139,9–10*

Paulus sprach: **Letzte Nacht stand plötzlich ein Engel vor mir – ein Engel des Gottes, dem ich gehöre und dem ich diene. Er sagte: «Hab keine Angst, Paulus! Du musst noch vor den Kaiser treten. Deinetwegen schenkt Gott auch all denen das Leben, die mit dir auf dem Schiff sind.»** *Apg. 27,23–24*

Man sollte nicht ängstlich fragen: Was wird und kann noch kommen? Sondern sagen: Ich bin gespannt, was Gott jetzt noch mit mir vorhat. Selma Lagerlöf

Johannes 8,31–36   Joel 2,12–17

15. Donnerstag
Ein geängstetes, zerschlagenes Herz wirst du, Gott, nicht verachten. *Psalm 51,19*

Jesus sprach: **Der Zöllner stand ferne, wollte auch die Augen nicht aufheben zum Himmel, sondern schlug an seine Brust und sprach: Gott, sei mir Sünder gnädig! Ich sage euch: Dieser ging gerechtfertigt hinab in sein Haus.** *Lukas 18,13–14*

Was wir von uns erkennen, auch von unseren Fehlern und Vergehen, ist nur die belichtete Oberfläche. Die Tiefe, woraus sie kommen, ist weitgehend auch uns selbst verborgen. Gott kennt sie und kann sie reinigen.

Edith Stein

Römer 8,7–11   Joel 2,18–27

16. Freitag **Ich will hoffen auf den HERRN, der sein Antlitz verborgen hat vor dem Hause Jakob.**
Jesaja 8,17

Sie sind doch Israel, das von Gott erwählte Volk. Ihnen gehört das Vorrecht, Kinder Gottes zu sein. Ihnen offenbarte er seine Herrlichkeit. Mit ihnen hat er wiederholt seinen Bund geschlossen. Ihnen hat er sein Gesetz gegeben und die Ordnungen für den Opferdienst zu seiner Verehrung. Ihnen hat er das künftige Heil versprochen. *Römer 9,4*

Die Erwählung bleibt bestehn: Israel trägt Gottes Gnade, und wir Christen dürfen gehen auf dem besten aller Pfade. Wolfram Böhme

Johannes 19,1–7   Joel 3,1–5

17. Samstag **Die Gnade des HERRN währt von Ewigkeit zu Ewigkeit über denen, die ihn fürchten, und seine Gerechtigkeit auf Kindeskind bei denen, die seinen Bund halten.** *Psalm 103,17–18*

Weil du mein Wort bewahrt hast, das dir die Kraft gibt, auszuharren, werde auch ich dich bewahren in der Stunde der Versuchung, die über den ganzen Erdkreis kommen wird, die Erdenbewohner zu versuchen. *Offenbarung 3,10*

Gott Lob, dass seine Gnadenhand mich suchte, zu sich zog und fand, Dank, dass er mich sein Eigen nennt und ihn mein Herz als meinen kennt! Gott Lob, dass er sein Wort beständig hält! Nun glaub ich mich mit ihm schon durch die Welt.   BG 880,2   Anna Nitschmann

Offenbarung 22,1–5   Joel 4,1–21

---

4. SONNTAG NACH OSTERN – CANTATE
(*Singet* dem HERRN ein neues Lied!   Psalm 98,1)

Singet dem HERRN ein neues Lied, denn er tut Wunder.   *Psalm 98,1*
Lesungen: Lukas 19,37–40   Kolosser 3,12–17
1. Samuel 16,14–23   Psalm 30   Pv.: Apg. 16,23–34

18. Sonntag   **Der HERR kennt die Gedanken der Menschen: Sie sind nur ein Hauch!**   *Psalm 94,11*

Niemand betrüge sich selbst. Wer unter euch meint, weise zu sein in dieser Welt, der werde ein Narr, dass er weise werde. Denn die Weisheit dieser Welt ist Torheit bei Gott.   *1. Korinther 3,18–19*

Nimm hin, o Herr, meine ganze Freiheit. Nimm mein Gedächtnis, meinen Verstand, meinen ganzen Willen. Was ich habe und besitze, hast du mir geschenkt. Ich stelle es dir wieder ganz und gar zurück und übergebe alles dir, dass du es lenkest nach deinem Willen. Nur deine Liebe schenke mir mit deiner Gnade, und ich bin reich genug und suche nichts weiter.   Ignatius von Loyola

Mai

19. Montag Wir wissen nicht, was wir tun sollen, sondern unsere Augen sehen nach dir.
2. Chronik 20,12

Jesus sprach zu den zweiundsiebzig Jüngern: Wenn ihr in ein Haus kommt, sprecht zuerst: Friede sei diesem Hause! *Lukas 10,2.5*

Ich will mit euch leben; ihr sollt zu Hause sein und allen Frieden geben – so glückt uns unser Leben; es wird ein Segen sein.
BG 356,3   Fritz Baltruweit
Sprüche 8,22–32(33–36)   Apostelgeschichte 1,1–14

20. Dienstag So spricht der HERR: Ich habe dein Gebet gehört und deine Tränen gesehen. Siehe, ich will dich gesund machen. *2. Könige 20,5*

Der königliche Beamte sprach zu ihm: Herr, komm herab, ehe mein Kind stirbt! Jesus spricht zu ihm: Geh hin, dein Sohn lebt! Der Mann glaubte dem Wort, das Jesus zu ihm sagte, und ging hin. Und während er noch hinabging, begegneten ihm seine Knechte und sagten: Dein Kind lebt. *Johannes 4,49–51*

Sprich du das Wort, das tröstet und befreit und das mich führt in deinen grossen Frieden. Schliess auf das Land, das keine Grenzen kennt, und lass mich unter deinen Kindern leben. Sei du mein täglich Brot, so wahr du lebst. Du bist mein Atem, wenn ich zu dir bete.
213,3   Huub Oosterhuis/Lothar Zenetti
Römer 15,14–21   Apostelgeschichte 1,15–26

Mai

21. Mittwoch

Fürchte dich nicht, Zion! Lass deine Hände nicht sinken! Denn der HERR, dein Gott, ist bei dir, ein starker Heiland. *Zefanja 3,16–17*

Erbarmt euch derer, die zweifeln. *Judas 22*

Hilf uns die Spannung dieser Zeit ertragen, an deiner Zukunft nicht zu zweifeln. Hilf uns, das Dennoch fröhlich zu sprechen und die Nächsten wie dich, Herr, zu lieben.

BG 546,3 — Otmar Schulz

Matthäus 11,25–30   Apostelgeschichte 2,1–13

22. Donnerstag

HERR, lass den Geringen nicht beschämt davongehen. *Psalm 74,21*

Die kanaanäische Frau fiel vor Jesus nieder und sprach: Herr, hilf mir! Aber er antwortete und sprach: Es ist nicht recht, dass man den Kindern ihr Brot nehme und werfe es vor die Hunde. Sie sprach: Ja, Herr; aber doch essen die Hunde von den Brosamen, die vom Tisch ihrer Herren fallen. Da antwortete Jesus und sprach zu ihr: Frau, dein Glaube ist gross. Dir geschehe, wie du willst! Und ihre Tochter wurde gesund zu derselben Stunde. *Matthäus 15,25–28*

Hier sind die treuen Sinnen, die niemand Unrecht tun, all denen Gutes gönnen, die in der Treu beruhn. Gott hält sein Wort mit Freuden und was er spricht, geschicht; und wer Gewalt muss leiden, den schützt er im Gericht.

98,4 — Paul Gerhardt

1. Korinther 14,6–9.15–19   Apostelgeschichte 2,14–21

23. Freitag **Ich will sie sammeln von den Enden der Erde, unter ihnen Blinde und Lahme, Schwangere und junge Mütter, dass sie als grosse Gemeinde wieder hierher kommen sollen.** *Jeremia 31,8*

Da wurde der Hausherr zornig und sprach zu seinem Knecht: Geh schnell hinaus auf die Strassen und Gassen der Stadt und führe die Armen und Verkrüppelten und Blinden und Lahmen herein.
Lukas 14,21

Christus, das Heil der Welt: welch ein Grund zur Freude! Weil er uns lieb hat, lieben wir einander. Er schenkt Gemeinschaft zwischen Gott und Menschen. Ehre sei Gott, dem Herrn!
280,2 Sabine Leonhardt, Otmar Schulz
Offenbarung 5,11–14   Apostelgeschichte 2,22–36

24. Samstag **Du allein kennst das Herz aller Menschenkinder.** *1. Könige 8,39*

Jesus sah Nathanael kommen und sagt von ihm: Siehe, ein rechter Israelit, in dem kein Falsch ist. Nathanael spricht zu ihm: Woher kennst du mich?
Johannes 1,47–48

Du, der über uns ist, du, der einer von uns ist, du, der ist – auch in uns; dass alle dich sehen – auch in mir, dass ich den Weg bereite für dich, dass ich danke für alles, was mir widerfuhr. Dag Hammarskjöld
Johannes 6,(60–62)63–69   Apostelgeschichte 2,37–41

Mai

5. SONNTAG NACH OSTERN – ROGATE
(*Betet!*)

Gelobt sei Gott, der mein Gebet nicht verwirft noch seine Güte von mir wendet. *Psalm 66,20*
Lesungen: Lukas 11,(1–4) 5–13
1. Timotheus 2,1–6a   2. Mose 32,7–14   Psalm 67
Predigtvorschlag: Johannes 16,23b–28(29–32)33

25. Sonntag   Du sollst dein Herz nicht verhärten und deine Hand nicht zuhalten gegenüber deinem armen Bruder. *5. Mose 15,7*

Meine Brüder und Schwestern! Was nützt es, wenn jemand behauptet zu glauben, sich der Glaube aber nicht in Taten zeigt? *Jakobus 2,14*

Herr, du hast uns in die Welt gestellt, um in Gemeinschaft zu leben. Du hast uns gelehrt zu lieben, aneinander Anteil zu nehmen, zu kämpfen für Brot und Gerechtigkeit. Deine Wahrheit soll in unserem Leben zur Welt kommen. So soll es sein, Jesus Christus!   Aus Uruguay

26. Montag   Es soll nicht durch Heer oder Kraft, sondern durch meinen Geist geschehen, spricht der HERR Zebaoth. *Sacharja 4,6*

Der Engel sprach zu Maria: Der Heilige Geist wird über dich kommen, und die Kraft des Höchsten wird dich überschatten; darum wird auch das Heilige, das geboren wird, Gottes Sohn genannt werden. *Lukas 1,35*

Gott ist ganz leise, willst du ihn hören, werde ganz still, wie Maria es war. Vielleicht hörst du dann die Botschaft des Engels: Du bist voll Gnade, der Herr ist mit dir.   BG 128,1   Franz Kett

Markus 1,32–39   Apostelgeschichte 2,42–47

27. Dienstag   **Wo ist ein Fels ausser unserm Gott?**
Psalm 18,32

Paulus schreibt: **Wir dachten bei uns selbst, zum Tode verurteilt zu sein. Das geschah aber, damit wir unser Vertrauen nicht auf uns selbst setzten, sondern auf Gott, der die Toten auferweckt, der uns aus solcher Todesnot errettet hat und erretten wird. Auf ihn hoffen wir, er werde uns auch hinfort erretten.**   *2. Korinther 1,9–10*

Viele zweifeln und glauben nicht mehr, viele von uns, einer ging wie ein Licht vor uns her in den Tod und das Leben. Einer ist unser Leben, Licht auf unseren Wegen, Hoffnung, die aus dem Tod erstand, die uns befreit.   BG 231,5   Lothar Zenetti

Lukas 18,1–8   Apostelgeschichte 3,1–10

28. Mittwoch   **Zur letzten Zeit wird kein Volk wider das andere das Schwert erheben, und sie werden hinfort nicht mehr lernen, Krieg zu führen.**
Jesaja 2,2.4

Jagt dem Frieden nach mit jedermann und der Heiligung, ohne die niemand den Herrn sehen wird.
Hebräer 12,14

Mai

Wo Menschen sich verbünden, den Hass überwinden und neu beginnen, ganz neu, da berühren sich Himmel und Erde, dass Frieden werde unter uns.
Thomas Laubach
Johannes 14,7–14   Apostelgeschichte 3,11–26

CHRISTI HIMMELFAHRT

Christus spricht: Wenn ich erhöht werde von der Erde, so will ich alle zu mir ziehen. *Johannes 12,32*
Lesungen: Lukas 24,(44–49)50–53
Apostelgeschichte 1,3–11   Psalm 47
Predigtvorschlag: 1. Könige 8,22–24.26–28

---

29. Donnerstag   Der HERR spricht: **Ich will Frieden geben in eurem Lande, dass ihr schlaft und euch niemand aufschrecke.** *3. Mose 26,6*

Jesus spricht: **Ich treibe die bösen Geister mit dem Finger Gottes aus, und daran könnt ihr sehen, dass Gott schon angefangen hat, mitten unter euch seine Herrschaft aufzurichten.** *Lukas 11,20*

Nimm uns in deinen Machtbereich, gib Kraft zu Tat und Leiden und mach uns deinem Wesen gleich im Wollen und Entscheiden. Wir freuen uns, Herr Jesu Christ, dass da auch ein Stück Himmel ist, wo wir dein Wort bezeugen.
BG 343,3   Detlev Block

30. Freitag **Fröhlich lass sein in dir, die deinen Namen lieben!** *Psalm 5,12*

Die Apostel gingen aber fröhlich von dem Hohen Rat fort, weil sie würdig gewesen waren, um Seines Namens willen Schmach zu leiden, und sie hörten nicht auf, alle Tage im Tempel und hier und dort in den Häusern zu lehren und zu predigen das Evangelium von Jesus Christus. *Apostelgeschichte 5,41–42*

Kommt, lasst uns alle fröhlich sein, kommt, stimmt ins Loblied mit uns ein, lobt Gott, der Vater für uns heisst, den Sohn und auch den Heilgen Geist. Dankt, dass er Menschen fähig macht, die Gottes Volk führn durch die Nacht; jedoch, dass wir nicht irregehn, musst du, Herr, selbst am Ruder stehn!
BG 559,1.3   Gabriel Komarowsky/Benigna Carstens
Johannes 18,33–38   Apostelgeschichte 4,1–12

31. Samstag **Wohl dem, der barmherzig ist und gerne leiht und das Seine tut, wie es recht ist!**
Psalm 112,5

Die Reichen sollen Gutes tun, reich werden an guten Werken, freigebig sein und ihren Sinn auf das Gemeinwohl richten. So verschaffen sie sich eine gute Grundlage für die Zukunft, die dazu dient, das wahre Leben zu gewinnen. *1. Timotheus 6,18–19*

Gott, segne meine Hände, dass sie behutsam seien, dass sie halten können, ohne zur Fessel zu werden, dass sie geben können ohne Berechnung, dass ihnen innewohne die Kraft zu trösten und zu segnen.

Antje Sabine Naegeli

Epheser 1,15–23   Apostelgeschichte 4,13–22

JUNI

Weltgebetswoche für die Einheit der Christen
(Ökumenische Gebetswoche)

---

6. SONNTAG NACH OSTERN – EXAUDI
(HERR, *höre* meine Stimme! Psalm 27,7)

Christus spricht: Wenn ich erhöht werde von der Erde, so will ich alle zu mir ziehen. *Johannes 12,32*
Lesungen: Johannes 16,5–15   Jeremia 31,31–34
Psalm 27
Predigtvorschlag: Epheser 3,14–21

---

1. Sonntag **Hanna betete: Ach, HERR Zebaot, sieh das Elend deiner Magd an! Denk doch an mich und vergiss deine Magd nicht! Schenk deiner Magd einen Sohn! Dann will ich ihn dem HERRN überlassen sein ganzes Leben lang.** *1. Samuel 1,11*

Für Elisabeth kam die Zeit, dass sie gebären sollte; und sie gebar einen Sohn. Und ihre Nachbarn und Verwandten hörten, dass der Herr grosse Barmherzigkeit an ihr getan hatte, und freuten sich mit ihr. *Lukas 1,57–58*

Unsere Kinder tragen nicht nur unsere Gene, sondern auch unsere Beispiele in sich.   Mary Jane Chambers

Juni

2. Montag Jeremia sprach: **Mich jammert von Herzen, dass die Tochter meines Volks so zerschlagen ist. Ist denn keine Salbe in Gilead oder ist kein Arzt da?** *Jeremia 8,21.22*

Jesus sprach zu Zachäus: Heute ist diesem Hause Heil widerfahren, denn auch er ist ein Sohn Abrahams. Denn der Menschensohn ist gekommen, zu suchen und selig zu machen, was verloren ist.
Lukas 19,9–10

Er ist das Leben, seine Kraft soll Leib und Seele führen. Sein Geist, der alles in mir schafft, soll mich allein regieren; so werd ich, weil ich nun durch ihn mit meinem Gott verbunden bin, das Leben nie verlieren.
BG 116,4   Johann Christian Lange/Günter Balders
Hesekiel 11,14–20   Apostelgeschichte 4,23–31

3. Dienstag Heilig, heilig, heilig ist der HERR Zebaoth, alle Lande sind seiner Ehre voll! *Jesaja 6,3*

Der Engel sprach mit grosser Stimme: Fürchtet Gott und gebt ihm die Ehre; denn die Stunde seines Gerichts ist gekommen! Und betet an den, der gemacht hat Himmel und Erde und Meer und die Wasserquellen! *Offenbarung 14,7*

Juni

Anbetung, Ehre, Dank und Ruhm sei unserm Gott im Heiligtum, der Tag für Tag uns segnet; dem Gott, der Lasten auf uns legt, doch uns mit unsern Lasten trägt und uns mit Huld begegnet. Sollt ihm, dem Herrn der Herrlichkeit, dem Gott vollkommner Seligkeit, nicht Ruhm und Ehr gebühren? Er kann, er will, er wird in Not vom Tode selbst und durch den Tod uns zu dem Leben führen.   44,2   Matthias Jorissen
Jesaja 41,8–14(17–20)   Apostelgeschichte 4,32–37

4. Mittwoch   **Du bist mein Vater, mein Gott und der Hort meines Heils.**   *Psalm 89,27*
Unser tägliches Brot gib uns heute.   *Matthäus 6,11*
Herr! schicke, was du willt, ein Liebes oder Leides; ich bin vergnügt, dass Beides aus Deinen Händen quillt.
Eduard Mörike
Jesaja 32,11–18   Apostelgeschichte 5,1–11

5. Donnerstag   Gott spricht zum Frevler: **Was redest du von meinen Geboten und nimmst meinen Bund in deinen Mund, da du doch Zucht hassest und wirfst meine Worte hinter dich?**   *Psalm 50,16–17*
Es werden nicht alle, die zu mir sagen: Herr, Herr!, in das Himmelreich kommen, sondern die den Willen tun meines Vaters im Himmel.   *Matthäus 7,21*
Bei einem Befehl Gottes soll man nicht zögern oder lange disputieren. Denn Gott will Gehorsam, Aufschub aber hasst er.   Martin Luther
Apostelgeschichte 1,12–26   Apostelgeschichte 5,12–16

Juni

6. Freitag **Um Jerusalem her sind Berge, und der HERR ist um sein Volk her von nun an bis in Ewigkeit.** *Psalm 125,2*

Jesus betete: **Ich bitte nicht, dass du sie aus der Welt nimmst, sondern dass du sie bewahrst vor dem Bösen.** *Johannes 17,15*

Sag ja zu den Überraschungen, die deine Pläne durchkreuzen, deine Träume zunichtemachen, deinem Tag eine ganz andere Richtung geben – ja vielleicht deinem Leben. Sie sind nicht Zufall. Lass dem himmlischen Vater die Freiheit, deine Tage zu bestimmen.

Hélder Câmara

Johannes 19,25–27   Apostelgeschichte 5,17–33

7. Samstag **HERR, in deiner Hand ist Kraft und Macht, und es ist niemand, der dir zu widerstehen vermag.** *2. Chronik 20,6*

Sie trieben Jesus aus Nazaret hinaus – bis an den Abhang des Berges, auf dem ihre Stadt gebaut war. Dort wollten sie ihn hinunterstürzen. Aber Jesus ging mitten durch die Menge hindurch und zog weiter. *Lukas 4,29–30*

Freuen will ich mich, o mein Gott, beschützt und verteidigt von dir. Aus tiefem Seufzen von dir gerufen, gezogen von deiner Macht, hast du mich sicher bei dir geborgen, gerettet vor meinen Feinden.

Hildegard von Bingen

Sacharja 4,1–14   Apostelgeschichte 5,34–42

Juni

PFINGSTFEST

Es soll nicht durch Heer oder Kraft, sondern durch meinen Geist geschehen, spricht der HERR Zebaoth.
Sacharja 4,6b

Lesungen: Apostelgeschichte 2,1–21
1. Mose 11,1–9   Psalm 118,1–14
Predigtvorschlag:
Johannes 14,15–19(20–23a)23b–27

8. Sonntag   **HERR, du machst alles lebendig, und das himmlische Heer betet dich an.**   *Nehemia 9,6*

Und als sie gebetet hatten, erbebte die Stätte, wo sie versammelt waren; und sie wurden alle vom Heiligen Geist erfüllt und redeten das Wort Gottes mit Freimut.   *Apostelgeschichte 4,31*

Komm, allgewalt heilger Hauch, der alle Kreatur belebt; o komm, erfüll uns bis zum Grund und bleib in uns, o Heilger Geist. Den Betenden du nahe bist; in dir teilt Gott sich selber mit. Du dringst durch unser ganzes Sein, entfachst in uns des Lebens Glut.
500,1.2   Markus Jenny

PFINGSTMONTAG

Lesungen: Johannes 20,19–23
1. Korinther 12,4–11
4. Mose 11,11f.14–17.24f.(26–30)
Psalm 118,15–29
Predigtvorschlag: Matthäus 16,13–19

9. Montag   **Der Gerechte muss viel leiden, aber aus alledem hilft ihm der HERR.**   *Psalm 34,20*

Und wenn man euch abführt und vor Gericht stellt, dann sorgt euch nicht im Voraus, was ihr reden sollt, sondern was euch in jener Stunde eingegeben wird, das redet. Denn nicht ihr seid es, die reden, sondern der heilige Geist. *Markus 13,11*

Herr, ich weiss, mein Auftrag ist zu kämpfen auf verlorenem Posten. Aber dort stehst immer du.

Silja Walter

10. Dienstag **Der HERR ist mein Fels und meine Burg und mein Erretter.** *2. Samuel 22,2*

Paulus schreibt: **Der Herr stand mir bei und gab mir Kraft. Denn die Verkündigung seiner Botschaft sollte durch mich ihr Ziel erreichen: Alle Völker sollten sie hören. Und ich wurde aus dem Rachen des Löwen gerettet.** *2. Timotheus 4,17*

Mit leeren Händen steh ich da, mit Angst vor vielen Dingen. Bleib mir in schweren Zeiten nah und hilf mir, neu zu singen: von dir, dem Felsen, der mich stützt, von dir, der Burg, die mich beschützt, von dir, du meine Stärke. BG 767,3   Eugen Eckert

Apostelgeschichte 4,23–31   Apostelgeschichte 6,1–7

11. Mittwoch **Sechs Tage sollst du arbeiten und alle deine Werke tun. Aber am siebenten Tage ist der Sabbat des HERRN, deines Gottes. Da sollst du keine Arbeit tun.** *2. Mose 20,9.10*

Jesus sprach zu ihnen: Was ist am Sabbat erlaubt: Gutes tun oder Böses tun, Leben retten oder töten? *Markus 3,4*

Juni

Läutet es, ist Gottes Zeit. In der Freude wie im Leid seid für seinen Ruf bereit! Läutet es, traut Christi Geist, der euch zueinander weist und der Welt das Heil verheisst. Nach Detlev Block

Apg. 8,(9–11)12–25   Apg. 6,8–15

12. Donnerstag **Dem HERRN, eurem Gott, sollt ihr folgen und ihn fürchten und seine Gebote halten und seiner Stimme gehorchen und ihm dienen und ihm anhangen.** *5. Mose 13,5*

Ihr scheint als Lichter in der Welt, dadurch dass ihr festhaltet am Wort des Lebens.
Philipper 2,15–16

Der du uns so hell leuchtest mit der Lehre deines Evangeliums, darin dein Sohn uns freundlich zu sich ruft, allmächtiger Gott, lass uns die Augen vor diesem Licht nicht schliessen oder in falscher Neugier zur Seite wenden. Erhalte uns in einfältigem Gehorsam, bis wir in den vollen Glanz des Lichtes gelangen.

Johannes Calvin

Apostelgeschichte 11,1–18   Apostelgeschichte 7,1–16

13. Freitag **Sollte dem HERRN etwas unmöglich sein?** *1. Mose 18,14*

Zuletzt, als die Elf zu Tisch sassen, offenbarte Jesus sich ihnen und schalt ihren Unglauben und ihres Herzens Härte, dass sie nicht geglaubt hatten denen, die ihn gesehen hatten als Auferstandenen.
Markus 16,14

Gelobt sei der barmherz'ge Gott, wir sind nun nicht verloren; durch Christi Auferstehn vom Tod hat er uns neu geboren zu einer festen Zuversicht und Hoffnung, die nie sterbe, zu dem in Freud und ewgem Licht uns aufbewahrten Erbe.
BG 326,5–6 Christian Gregor
Apg. 11,19–26   Apg. 7,17–29

14. Samstag Die Frau sah, dass von dem Baum gut zu essen wäre und dass er eine Lust für die Augen wäre und verlockend, weil er klug machte.
1. Mose 3,6

Die Welt vergeht, mit ihrem Begehren; wer aber den Willen Gottes tut, der bleibt in Ewigkeit.
1. Johannes 2,17

Da wohnt ein Sehnen tief in uns, o Gott, nach dir, dich zu sehn, dir nah zu sein. Es ist ein Sehnen, ist ein Durst nach Glück, nach Liebe, wie nur du sie gibst. Um Einsicht, Beherztheit, um Beistand bitten wir. In Ohnmacht, in Furcht, sei da, sei uns nahe, Gott. Um Heilung, um Ganzsein, um Zukunft bitten wir. In Krankheit, im Tod, sei da, sei uns nahe, Gott.
Anne Quigley/Eugen Eckert
Apg. 18,1–11   Apg. 7,30–43

Juni

TRINITATIS *(Dreieinigkeit)*

Die Gnade unseres Herrn Jesus Christus und die Liebe Gottes und die Gemeinschaft des Heiligen Geistes sei mit euch allen. *2. Korinther 13,13*
Lesungen: Johannes 3,1–8(9–13)
Römer 11,(32)33–36   Jesaja 6,1–8(9–13)
Psalm 13
Predigtvorschlag: 2. Korinther 13,11–13

15. Sonntag   Richtet recht, und ein jeder erweise seinem Bruder Güte und Barmherzigkeit!
Sacharja 7,9

Ein Diener des Herrn soll sich nicht streiten. Er soll zu allen freundlich sein, ein guter Lehrer, der stets geduldig bleibt. Diejenigen, die sich widersetzen, soll er mit Freundlichkeit zurechtweisen. Vielleicht gibt ihnen Gott die Möglichkeit, ihr Leben zu ändern. *2. Timotheus 2,24–25*

Jesus Christus, durch dein Evangelium begreifen wir, dass die Barmherzigkeit über alles geht. Schenke uns deshalb ein Herz voller Güte.   Frère Roger

16. Montag   Eine linde Antwort stillt den Zorn; aber ein hartes Wort erregt Grimm. *Sprüche 15,1*

Halte dich an das Vorbild der heilsamen Worte, die du von mir gehört hast, im Glauben und in der Liebe in Christus Jesus. *2. Timotheus 1,13*

Hilf uns die Spannung dieser Zeit ertragen, an deiner Zukunft nicht zu zweifeln. Hilf uns, das Dennoch fröhlich zu sprechen und die Nächsten wie dich, Herr, zu lieben.
BG 546,3 Otmar Schulz
2. Mose 3,13–20   Apostelgeschichte 7,44–53

17. Dienstag **Gott sprach zu Jakob: Ich bin Gott, der Gott deines Vaters; fürchte dich nicht. Ich will mit dir hinab nach Ägypten ziehen und will dich auch wieder heraufführen.** *1. Mose 46,3.4*
Petrus sprach: Siehe, wir haben, was wir hatten, verlassen und sind dir nachgefolgt. Jesus aber sprach zu ihnen: Wahrlich, ich sage euch: Es ist niemand, der Haus oder Frau oder Brüder oder Eltern oder Kinder verlässt um des Reiches Gottes willen, der es nicht vielfach wieder empfange in dieser Zeit und in der kommenden Welt das ewige Leben.
Lukas 18,28–30
Auf seine Gnade geh ich fort und weiche keinen Schritt.
Es folgt mir von Ort zu Ort sein guter Segen mit.
BG 919,4 Leonhard Dober
Jesaja 43,8–13   Apostelgeschichte 7,54–8,3

17. Juni 1722: Aufbau von Herrnhut begonnen

Juni

18. Mittwoch **Dein Wort ist meines Herzens Freude und Trost; denn ich bin ja nach deinem Namen genannt, HERR, Gott Zebaoth.** *Jeremia 15,16*

Philippus und der Eunuch stiegen ins Wasser, und Philippus taufte ihn. Als sie aus dem Wasser herausstiegen, wurde Philippus vom Geist des Herrn fortgenommen. Der Eunuch sah ihn nicht mehr. Aber er setzte seinen Weg voller Freude fort.
Apostelgeschichte 8,38–39

Erhalte uns bei deinem Namen! Dein Sohn hat es für uns erfleht. Geist, Wort und Wasser mach zum Samen der Frucht des Heils, die nie vergeht!
179,3   Jochen Klepper
Jesaja 57,14–16   Apostelgeschichte 8,4–25

19. Donnerstag **Gott der HERR spricht: Ich will noch mehr sammeln zu der Schar derer, die versammelt sind.** *Jesaja 56,8*

Es wird gepredigt werden dies Evangelium vom Reich in der ganzen Welt zum Zeugnis für alle Völker, und dann wird das Ende kommen.
Matthäus 24,14

Wach auf, du Geist der ersten Zeugen, die auf der Mau'r als treue Wächter stehn, die Tag und Nächte nimmer schweigen, die unverzagt dem Feind entgegengehn; ja deren Schall die ganze Welt durchdringt und aller Völker Scharen zu dir bringt.
797,1   Karl Heinrich von Bogatzky
2. Petrus 1,16–21   Apostelgeschichte 8,26–40

20. Freitag **Wende dich zu mir und sei mir gnädig; denn ich bin einsam und elend.** *Psalm 25,16*
Jesus, du Sohn Davids, erbarme dich meiner!
Markus 10,47
In Ängsten die einen, und die andern leben, und die andern leben, und sie leben nicht schlecht. In Hunger die einen, und wir andern leben, und wir andern leben, die im Hunger leben schlecht. Kyrie, Kyrie eleison, Herr, guter Gott, erbarme dich.
BG 649,1 Günther Hildebrandt
Hebräer 2,(1–4)5–10   Apostelgeschichte 9,1–9

21. Samstag **Danket dem Herrn aller Herren, der allein grosse Wunder tut, denn seine Güte währet ewiglich.** *Psalm 136,3.4*
Das Volk neigte einmütig dem zu, was Philippus sagte, als sie ihm zuhörten und die Zeichen sahen, die er tat, und es kam grosse Freude auf in jener Stadt. *Apostelgeschichte 8,6.8*
Wir haben Gottes Spuren festgestellt auf unsern Menschenstrassen, Liebe und Wärme in der kalten Welt, Hoffnung, die wir fast vergassen. Zeichen und Wunder sahen wir geschehn in längst vergangnen Tagen, Gott wird auch unsre Wege gehn, uns durch das Leben tragen.
BG 72,1   Michel Scouarnec/1978 Diethard Zils
Epheser 4,1–6   Apostelgeschichte 9,10–19a

Juni 102

1. SONNTAG NACH TRINITATIS

Wer euch hört, der hört mich; und wer euch verachtet, der verachtet mich. *Lukas 10,16a*
Lesungen: Lukas 16,19–31   1. Joh. 4,(13–16a)16b–21
Jeremia 23,16–29   Psalm 28
Predigtvorschlag: Johannes 5,39–47

22. Sonntag **Der HERR zog vor ihnen her, am Tage in einer Wolkensäule, um sie den rechten Weg zu führen, und bei Nacht in einer Feuersäule, um ihnen zu leuchten.** *2. Mose 13,21*

Jesus sprach: **Ihr sucht in den Schriften, denn ihr meint, ihr habt das ewige Leben darin; und sie sind's, die von mir zeugen.** *Johannes 5,39*

Dein Wort, o Herr, lass allweg sein die Leuchte unsern Füssen; erhalt es bei uns klar und rein; hilf, dass wir draus geniessen Kraft, Rat und Trost in aller Not, dass wir im Leben und im Tod beständig darauf trauen.
BG 396,7   David Denicke

23. Montag **Der HERR ist allen gütig und erbarmt sich aller seiner Werke.** *Psalm 145,9*

Auch die Schöpfung wird frei werden von der Knechtschaft der Vergänglichkeit zu der herrlichen Freiheit der Kinder Gottes. *Römer 8,21*

Schöpfer, du schreibst deinen Namen tief ins Buch der Menschheit ein: Lass in uns dein Bildnis wachsen, hilf uns, Christus näher sein, dass durch unsres Lebens Antwort Erde glänzt in deinem Schein.
834,4   Fred Kaan/Dieter Trautwein
Römer 12,9–16   Apostelgeschichte 9,19b–31

JOHANNISTAG

Dies ist das Zeugnis Johannes des Täufers: Er muss wachsen, ich aber muss abnehmen. *Johannes 3,30*
Lesungen: Lukas 1,(5–25)57–66.80
Apostelgeschichte 19,1–7   Jesaja 40,1–8(9–11)
Apostelgeschichte 9,32–43
Predigtvorschlag: Matthäus 3,1–12

---

24. Dienstag **Verlass dich auf den HERRN von ganzem Herzen, und verlass dich nicht auf deinen Verstand, sondern gedenke an ihn in allen deinen Wegen, so wird er dich recht führen.**
Sprüche 3,5–6

Jesus sprach zu Petrus: **Wahrlich, wahrlich, ich sage dir: Als du jünger warst, gürtetest du dich selbst und gingst, wo du hinwolltest; wenn du aber alt bist, wirst du deine Hände ausstrecken und ein anderer wird dich gürten und führen, wo du nicht hinwillst.** *Johannes 21,18*

Weiss ich den Weg auch nicht, du weisst ihn wohl; das macht die Seele still und friedevoll. Ist's doch umsonst, dass ich mich sorgend müh, dass ängstlich schlägt das Herz, sei's spät, sei's früh.
BG 936,1   Hedwig von Redern

25. Mittwoch **Jene, die fern sind, werden kommen und am Tempel des HERRN bauen.** *Sacharja 6,15*
Ja, alle Völker werden kommen und anbeten vor dir, denn deine Urteile sind offenbar geworden.
Offenbarung 15,4

Wort des Lebens, stark und rein, alle Völker harren dein; walte fort, bis aus der Nacht alle Welt zum Tag erwacht.
257,5 Jonathan Friedrich Bahnmaier
Matthäus 10,26–33   Apostelgeschichte 10,1–23a

26. Donnerstag   Der HERR sprach zu Mose: **Versammle mir das Volk, dass ich sie meine Worte hören lasse und sie mich fürchten lernen alle Tage ihres Lebens auf Erden und ihre Kinder lehren.**
5. Mose 4,10
Du aber bleibe bei dem, was du gelernt hast und was dir anvertraut ist; du weisst ja, von wem du gelernt hast und dass du von Kind auf die Heilige Schrift kennst, die dich unterweisen kann zur Seligkeit durch den Glauben an Christus Jesus.
2. Timotheus 3,14–15
Die Freude der Verkündigung erstrahlt immer auf dem Hintergrund der dankbaren Erinnerung: Es ist eine Gnade, die wir erbitten müssen.   Jorge Mario Bergoglio
Johannes 1,19–28   Apostelgeschichte 10,23b–33

27. Freitag   **Der HERR tötet und macht lebendig, führt ins Totenreich und wieder herauf.**
1. Samuel 2,6
Leben wir, so leben wir dem Herrn; sterben wir, so sterben wir dem Herrn. Darum: wir leben oder sterben, so sind wir des Herrn.   *Römer 14,8*

Der mir den Odem gab und Licht auf meinen Wegen, wird über meinem Grab die schönsten Schatten legen. Dass ich nicht schrecken mag, wird er mich sanft zudecken und mich am hellen Tag durch Jesus auferwecken.
BG 963,3–4 Friedemann Schäfer
Lukas 3,10–18   Apostelgeschichte 10,34–48

28. Samstag Er wird mit Gerechtigkeit richten die Armen und rechtes Urteil sprechen den Elenden im Lande. *Jesaja 11,4*

Jesus sprach zu ihnen: Geht hin und sagt Johannes wieder, was ihr hört und seht: Blinde sehen und Lahme gehen, Aussätzige werden rein und Taube hören, Tote stehen auf und Armen wird das Evangelium gepredigt. *Matthäus 11,4–5*

Ihr Armen und Elenden zu dieser bösen Zeit, die ihr an allen Enden müsst haben Angst und Leid, seid dennoch wohlgemut. Lasst eure Lieder klingen, dem König Lob zu singen; der ist eur höchstes Gut.
365,5 Michael Schirmer
Matthäus 11,2–10   Apostelgeschichte 11,1–18

2. SONNTAG NACH TRINITATIS

Kommt her zu mir, alle, die ihr mühselig und beladen seid; ich will euch erquicken. *Matthäus 11,28*
Lesungen: Lukas 14,(15)16–24
Epheser 2,(11–16)17–22   Psalm 12
Predigtvorschlag: Jesaja 55,1–5

Juni 106

29. Sonntag   Der HERR macht zunichte die Pläne der Völker.   *Psalm 33,10*

Gamaliel sprach: **Lasst ab von diesen Leuten und lasst sie gehen! Denn wenn das, was hier geplant und ins Werk gesetzt wird, von Menschen stammen sollte, dann wird es sich zerschlagen. Wenn es aber von Gott kommt, dann werdet ihr sie nicht aufhalten können.**   *Apostelgeschichte 5,38–39*

Wir müssen wieder daran erinnert werden, dass Gott in seiner Welt wirkt. Er steht nicht ausserhalb und schaut in kalter Gleichgültigkeit auf sie herab. Auf allen Strassen des Lebens geht er unseren Weg mit. Als immer liebender Vater wirkt er in der Geschichte für das Heil seiner Kinder.   Martin Luther King

30. Montag   Warum gibt Gott dem Leidenden Licht und Leben denen, die verbittert sind, die sich sehnen nach dem Tod, doch er kommt nicht?   *Hiob 3,20–21*

Von der Geduld Hiobs habt ihr gehört und habt gesehen, zu welchem Ende es der Herr geführt hat; denn der Herr ist barmherzig und ein Erbarmer.   *Jakobus 5,11*

Die auf dem Weg des Leidens gehen, sind die Suchenden, denn sie jagen nicht davon. Die auf dem Weg des Leidens gehen, sind das Salz dieser Erde, denn sie halten die Frage offen, weshalb wir sind. Die auf dem Weg des Leidens gehen, vergiessen ihre Tränen für eine neue Welt, die beginnt, nicht endet am Kreuz.

Friedemann Schäfer

Sprüche 9,1–10   Apostelgeschichte 11,19–30

JULI

1. Dienstag Wenn mir gleich Leib und Seele verschmachtet, so bist du doch, Gott, allezeit meines Herzens Trost und mein Teil. *Psalm 73,26*

Der Seher Johannes schreibt: **Das sagt der Heilige, der Wahrhaftige: Ich kenne deine Werke. Siehe, ich habe vor dir eine Tür aufgetan, die niemand zuschliessen kann; denn du hast eine kleine Kraft und hast mein Wort bewahrt und hast meinen Namen nicht verleugnet.** *Offenbarung 3,7.8*

Komm zu uns, Gott, verleih uns neue Kräfte, dein Licht begleite uns auf unsern Wegen. Gott, wo du wohnst, steht das Tor zum Leben offen. Gott, wo du einkehrst, ist Friede da. Auf dein Versprechen wollen wir hoffen; in Jesus Christus bist du uns ganz nah.
BG 635,3 Ulrich Walter
2. Mose 2,11–15(16–22)23–25   Apg. 12,1–17

2. Mittwoch **Der HERR ist hoch und sieht auf den Niedrigen und kennt den Stolzen von ferne.**
Psalm 138,6

Der reiche Mensch sprach: **Liebe Seele, du hast einen grossen Vorrat für viele Jahre; habe nun Ruhe, iss, trink und habe guten Mut! Aber Gott sprach zu ihm: Du Narr! Diese Nacht wird man deine Seele von dir fordern. Und wem wird dann gehören, was du bereitet hast?** *Lukas 12,19–20*

Juli

Gott wird es dem, der ihn in seinem irdischen Glück findet und dankt, schon nicht an Stunden fehlen lassen, in denen er daran erinnert wird, dass alles Irdische nur etwas Vorläufiges ist und dass es gut ist, sein Herz an die Ewigkeit zu gewöhnen. Dietrich Bonhoeffer

Markus 1,40–45   Apostelgeschichte 12,18–25

3. Donnerstag **Des Menschen Herz erdenkt sich seinen Weg; aber der HERR allein lenkt seinen Schritt.** *Sprüche 16,9*

Alles, was ihr tut mit Worten oder mit Werken, das tut alles im Namen des Herrn Jesus und dankt Gott, dem Vater, durch ihn. *Kolosser 3,17*

Herr, der du mich führst und mein Tun regierst, ohne dich kann nichts gelingen, sondern Wollen und Vollbringen, wenn was soll gedeihn, kommt von dir allein.
BG 868,1   Nikolaus Ludwig von Zinzendorf

Matthäus 15,29–39   Apostelgeschichte 13,1–12

4. Freitag **Du bist mein Schutz und mein Schild; ich hoffe auf dein Wort.** *Psalm 119,114*

Das ist der Wille meines Vaters, dass, wer den Sohn sieht und glaubt an ihn, das ewige Leben habe; und ich werde ihn auferwecken am Jüngsten Tage.
Johannes 6,40

Jesus ist kommen, der Fürste des Lebens, sein Tod verschlinget den ewigen Tod. Gibt uns, ach höret's doch ja nicht vergebens, ewiges Leben, der freundliche Gott. Glaubt ihm, so macht er ein Ende des Bebens. Jesus ist kommen, der Fürste des Lebens.
BG 226,4 Johann Ludwig Konrad Allendorf
Johannes 6,37–40(41–46)   Apg. 13,13–25

5. Samstag **Ach, HERR, sieh doch, wie bange ist mir. Mir dreht sich das Herz im Leibe um, weil ich so ungehorsam gewesen bin.** *Klagelieder 1,20*

Die Frau sprach: **Kommt, seht einen Menschen, der mir alles gesagt hat, was ich getan habe, ob er nicht der Christus sei!** *Johannes 4,29*

Könnt ich's irgend besser haben als bei dir, der allezeit so viel tausend Gnadengaben für mich Armen bereit? Könnt ich je getroster werden als bei dir, Herr Jesu Christ, dem im Himmel und auf Erden alle Macht gegeben ist?
BG 877,2 Philipp Spitta
Johannes 4,5–14(15–18)   Apg. 13,26–43

---

3. SONNTAG NACH TRINITATIS

Der Menschensohn ist gekommen, zu suchen und selig zu machen, was verloren ist. *Lukas 19,10*
  Lesungen: Lukas 15,1–3.11b–32   Micha 7,18–20
  Psalm 103
  Predigtvorschlag: 1. Timotheus 1,12–17

Juli

6. Sonntag **Der Übeltäter lasse von seinen Gedanken und bekehre sich zum HERRN, denn bei ihm ist viel Vergebung.** *Jesaja 55,7*
Lasst euch versöhnen mit Gott! *2. Korinther 5,20*
O lieber Herre Jesu Christ, der du unser Erlöser bist, nimm heut an unsre Danksagung aus Genaden.
BG 229,1 Jan Hus/Michael Weiße

6. Juli 1415: Jan Hus stirbt den Märtyrertod auf dem Konzil zu Konstanz

7. Montag **Der HERR dachte an uns, als wir unterdrückt waren, denn seine Güte währet ewiglich.**
Psalm 136,23
Betet für mich, dass mir das Wort gegeben werde, wenn ich meinen Mund auftue, freimütig das Geheimnis des Evangeliums zu verkündigen, dessen Bote ich bin in Ketten. *Epheser 6,19–20*
Herr, wir gedenken all derer, die unter Verachtung und Ungerechtigkeit leiden; unserer Brüder und Schwestern, die gedemütigt werden und unterdrückt; wir beten für die, denen die Würde genommen wird, für die Gefangenen, für die Gefolterten, für die, denen das Recht verwehrt wird. Deine Liebe und Barmherzigkeit stärke sie allezeit. Gebetswoche für den Weltfrieden
1. Johannes 3,19–24 Apostelgeschichte 13,44–52

8. Dienstag Gott offenbart, was tief und verborgen ist. *Daniel 2,22*

Jesus betete: **Gerechter Vater, die Welt kennt dich nicht; ich aber kenne dich, und diese haben erkannt, dass du mich gesandt hast.** *Johannes 17,25*

Jesus Christus, wie er uns in der Heiligen Schrift bezeugt wird, ist das eine Wort Gottes, das wir zu hören, dem wir im Leben und im Sterben zu vertrauen und zu gehorchen haben.

Aus der Barmer Theologischen Erklärung

Lukas 7,36–50   Apostelgeschichte 14,1–7

9. Mittwoch Gleichwie ich über sie gewacht habe, auszureissen und einzureissen, so will ich über sie wachen, zu bauen und zu pflanzen, spricht der HERR. *Jeremia 31,28*

Erschienen ist die Gnade Gottes, allen Menschen zum Heil. Sie erzieht uns dazu, der Gottlosigkeit und den Begierden der Welt abzuschwören und besonnen, gerecht und fromm zu leben in dieser Weltzeit. *Titus 2,11–12*

Gott gab uns Hände, damit wir handeln. Er gab uns Füsse, dass wir fest stehn. Gott will mit uns die Erde verwandeln. Wir können neu ins Leben gehn.
841,3   Eckart Bücken

Johannes 5,1–16   Apostelgeschichte 14,8–20a

Juli

10. Donnerstag **Haltet meine Gebote und tut danach; ich bin der HERR.** *3. Mose 22,31*

Wer mich liebt, der wird mein Wort halten; und mein Vater wird ihn lieben, und wir werden zu ihm kommen und Wohnung bei ihm nehmen.
Johannes 14,23

Wenn mir die Orientierung fehlt in dieser Welt, zeigst du mir einen Sinn des Ganzen. Unter allen Medien bist du die Botschaft, unter allen Möglichkeiten bist du das Ziel. Gott, hilf mir, zur Sprache zu bringen, was deine Nachricht ist. Kathrin Jütte

Matthäus 16,13–19   Apostelgeschichte 14,20b–28

11. Freitag **HERR, wenn ich an deine ewigen Ordnungen denke, so werde ich getröstet.** *Psalm 119,52*

Wir wissen: Wenn unser irdisches Haus, diese Hütte, abgebrochen wird, so haben wir einen Bau, von Gott erbaut, ein Haus, nicht mit Händen gemacht, das ewig ist im Himmel. *2. Korinther 5,1*

Welt ist nicht nur, was Menschenaugen sehn, und Ordnung mehr, als wir davon verstehn. Anfang und Ziel – dir, Einziger, gehört's, denn grösser bist du, Gott, als unser Herz.
BG 53,2   Joachim Vobbe

Galater 3,6–14   Apostelgeschichte 15,1–21

12. Samstag **So spricht der HERR: Ich habe dich erhört zur Zeit der Gnade und habe dir am Tage des Heils geholfen.** *Jesaja 49,8*

Jetzt ist sie da, die ersehnte Zeit, jetzt ist er da, der Tag der Rettung. *2. Korinther 6,2*

Geborgen, geliebt und gesegnet, gehalten, getragen, geführt besingen wir Gott. Er begegnet im Wort, das uns heute berührt.

39,6 Georg Schmid

Römer 8,1–6   Apostelgeschichte 15,22–35

---

4. SONNTAG NACH TRINITATIS

Einer trage des andern Last, so werdet ihr das Gesetz Christi erfüllen. *Galater 6,2*
Lesungen: Römer 12,17–21   1. Mose 50,15–21
Psalm 7
Predigtvorschlag: Lukas 6,36–42

---

13. Sonntag **HERR, von Herzen verlangt mich nach dir des Nachts, ja, mit meinem Geist suche ich dich am Morgen.** *Jesaja 26,9*

Am Morgen, noch vor Tage, stand Jesus auf und ging hinaus. Und er ging an eine einsame Stätte und betete dort. *Markus 1,35*

In dir sein, Gott, das ist alles. Das ist das Ganze, das Vollkommene, das Heilende. Die leiblichen Augen schliessen, die Augen des Herzens öffnen und eingehen in deine Gegenwart. In dir sein, Gott, das ist alles, was ich mir erbitte. Damit habe ich alles erbeten, was ich brauche für Zeit und Ewigkeit. Jörg Zink

Juli

14. Montag **Wo sind denn deine Götter, die du dir gemacht hast? Lass sie aufstehen; lass sehen, ob sie dir helfen können in deiner Not!** *Jeremia 2,28*

Meine Geliebten, flieht die Verehrung der nichtigen Götter! *1. Korinther 10,14*

Ihr, die ihr Christi Namen nennt, gebt unserm Gott die Ehre; ihr, die ihr Gottes Macht bekennt, gebt unserm Gott die Ehre. Die falschen Götzen macht zu Spott; der Herr ist Gott, der Herr ist Gott. Gebt unserm Gott die Ehre.

240,8 Johann Jakob Schütz

Lukas 5,17–26   Apostelgeschichte 15,36–16,5

15. Dienstag Salomo sprach: **Siehe, der Himmel und aller Himmel Himmel können dich nicht fassen – wie sollte es dann dies Haus tun, das ich gebaut habe?** *1. Könige 8,27*

Die Stunde kommt, und sie ist jetzt da, in der die wahren Beter in Geist und Wahrheit zum Vater beten werden. *Johannes 4,23*

Gott, deine heiligen Gedanken sind himmelweit von Menschenwahn; drum leite mich in deine Schranken und führe mich auf rechter Bahn. Mein Vater, führ mich immerdar nur selig, wenn gleich wunderbar. Dir will ich ganz mich überlassen mit allem, was ich hab und bin. Ich werfe, was ich nicht kann fassen, auf deine Macht und Weisheit hin. Mein Vater, führ mich immerdar nur selig, wenn gleich wunderbar.

715,3.4 Salomo Franck

Matthäus 18,15–20   Apostelgeschichte 16,6–15

16. Mittwoch Wenn der HERR nicht die Stadt behütet, so wacht der Wächter umsonst. *Psalm 127,1*

Betet für die Regierenden und für alle, die Gewalt haben, damit wir in Ruhe und Frieden leben können, in Ehrfurcht vor Gott und in Rechtschaffenheit. *1. Timotheus 2,2*

Herr, die Mächtigen regiere, leite ihrer Augen Mass, dass die Macht sie nicht verführe, und nicht Unmass sie erfass. Gib uns allen ihr Vertrauen, Kleinen reiche ihre Hand, dass sie miteinander bauen und bewahren unser Land. Michael Meyer

1. Korinther 12,19–26   Apostelgeschichte 16,16–24

17. Donnerstag Heile du mich, HERR, so werde ich heil; hilf du mir, so ist mir geholfen. *Jeremia 17,14*

Damit ihr wisst, dass der Menschensohn Vollmacht hat auf Erden, Sünden zu vergeben – sprach Jesus zu dem Gelähmten: Ich sage dir, steh auf, nimm dein Bett und geh heim! Und sogleich stand er auf vor ihren Augen und nahm das Bett, auf dem er gelegen hatte, und ging heim und pries Gott. *Lukas 5,24–25*

Ich bringe allen Kummer und alle Last, mein Gott, zu dir, beschenke mich mit deiner Gnade, du gütiger Gott, erbarm dich, hilf du mir! Denn bei dir, Gott, finde ich Ruhe und Trost in meinem Leid, denn bei dir, Gott, finde ich Frieden und Geborgenheit.

Christa Spilling-Nöker

Apg. 4,32–37   Apg. 16,25–40

Juli

18. Freitag **Unsre Abtrünnigkeit steht uns vor Augen, und wir kennen unsre Sünden: abtrünnig sein und den HERRN verleugnen.** *Jesaja 59,12–13*

Wenn jemand sündigt, so haben wir einen Fürsprecher bei dem Vater, Jesus Christus, der gerecht ist.
1. Johannes 2,1

Ich habe dich gefunden, mein Gott, wie ein Kind, das in böse, fremde Obhut gegeben, entflieht – und sich nach vielen Mühen und Abenteuern endlich an eine teure Brust schmiegt und dem Lied ihres Herzens lauscht. Janusz Korczak

Philipper 2,1–5   Philipper 1,1–11

19. Samstag **Meine Seele ist stille zu Gott, der mir hilft.** *Psalm 62,2*

Es ist gerecht bei Gott, dass er denen vergilt mit Bedrängnis, die euch bedrängen, euch aber, die ihr Bedrängnis leidet, Ruhe gibt zusammen mit uns, wenn der Herr Jesus offenbart wird vom Himmel her. *2. Thessalonicher 1,6–7*

Herr, gib uns Mut zur Stille, zum Schweigen und zum Ruhn. Wir danken dir, du willst uns Gutes tun.
258,4 Kurt Rommel

Galater 6,1–5   Philipper 1,12–18a

5. SONNTAG NACH TRINITATIS

Aus Gnade seid ihr gerettet durch Glauben, und das nicht aus euch: Gottes Gabe ist es. *Epheser 2,8*
Lesungen: Lukas 5,1–11   1. Korinther 1,18–25
1. Mose 12,1–4a   Psalm 26
Predigtvorschlag: Matthäus 9,35–10,1(2–4)5–10

20. Sonntag   **Du bist ja doch unter uns, Herr, und wir heissen nach deinem Namen; verlass uns nicht!**
Jeremia 14,9

In Antiochia wurden die Jünger zuerst Christen genannt. *Apostelgeschichte 11,26*

Du inniglich geliebtes Haupt, wir wolln dich etwas bitten, du hast's den Deinen ja erlaubt, ihr Herz dir auszuschütten: Mach uns zu deiner treuen Schar und lass die Welt erkennen, dass wir uns doch nicht ganz und gar mit Unrecht Christen nennen.
BG 505,1   Nikolaus Ludwig von Zinzendorf

21. Montag   **Friede, Friede denen in der Ferne und denen in der Nähe, spricht der Herr; ich will sie heilen.** *Jesaja 57,19*

Gott hat das Wort dem Volk Israel gesandt und Frieden verkündigt durch Jesus Christus, welcher ist Herr über alles. *Apostelgeschichte 10,36*

Lass uns in deiner Hand finden, was du für alle verheissen. Herr, fülle unser Verlangen, gib du uns selber den Frieden. Friede soll mit euch sein, Friede für alle Zeit! Nicht so, wie ihn die Welt euch gibt, Gott selber wird es sein.   BG 97,3   Zofia Jasnota

Jeremia 20,7–11   Philipper 1,18b–26

Juli

22. Dienstag **Ehe ich gedemütigt wurde, irrte ich; nun aber halte ich dein Wort.** *Psalm 119,67*

Jesus spricht zu Simon Petrus: Simon, Sohn des Johannes, hast du mich lieb? Er spricht zu ihm: Ja, Herr, du weisst, dass ich dich lieb habe. Spricht Jesus zu ihm: Weide meine Schafe! *Johannes 21,16*

Wenn du mich daher heute wie seinerzeit den Petrus fragen würdest «Liebst du mich?», so würde ich nicht die Antwort wagen: «Du weisst, dass ich dich liebe». Aber frohen und sicheren Gewissens könnte ich sagen: «Du weisst, dass ich dich lieben möchte.»

Wilhelm von Saint-Thierry

Hesekiel 2,3–8a   Philipper 1,27–2,4

23. Mittwoch **Der HERR führte mich hinaus ins Weite, er befreite mich, denn er hat Gefallen an mir.** *Psalm 18,20*

Durch Gottes Gnade bin ich, was ich bin. Und seine Gnade an mir ist nicht vergeblich gewesen.
1. Korinther 15,10

Gib uns die Wege frei, die zu dir führen, denn uns verlangt nach deinem guten Wort. Du machst uns frei, zu lieben und zu hoffen, das gibt uns Zuversicht für jeden Tag. Gott schenkt Freiheit, seine grösste Gabe gibt er seinen Kindern.

BG 729,6   Christa Weiß

Galater 1,13–24   Philipper 2,5–11

Juli

24. Donnerstag **Höre mein Gebet, HERR, und vernimm mein Schreien, schweige nicht zu meinen Tränen.** *Psalm 39,13*

Eine Sünderin trat von hinten zu Jesu Füssen, weinte und fing an, seine Füsse mit Tränen zu netzen und mit den Haaren ihres Hauptes zu trocknen, und küsste seine Füsse und salbte sie mit dem Salböl. Jesus aber sprach zu der Frau: Dein Glaube hat dir geholfen; geh hin in Frieden! *Lukas 7,38.50*

Nichts soll dich ängsten, nichts soll dich quälen; wer sich an Gott hält, dem wird nichts fehlen. Nichts soll dich ängsten, nichts soll dich quälen, Gott allein genügt.
706 Santa Teresa de Jesús/Susanne Kramer
Apostelgeschichte 15,4–12   Philipper 2,12–18

25. Freitag **Gott, wir haben mit unsern Ohren gehört, unsre Väter haben's uns erzählt, was du getan hast zu ihren Zeiten, vor alters.** *Psalm 44,2*

Es wird eine Zeit kommen, da sie die heilsame Lehre nicht ertragen werden; sondern nach ihrem eigenen Begehren werden sie sich selbst Lehrer aufladen, nach denen ihnen die Ohren jucken.

2. Timotheus 4,3

Nicht daran, wie einer von Gott redet, erkenne ich, ob seine Seele durch das Feuer der göttlichen Liebe gegangen ist, sondern daran, wie er von irdischen Dingen spricht. Simone Weil
Römer 9,14–23(24–26)   Philipper 2,19–30

Juli

26. Samstag Ich will euch heimsuchen, spricht der HERR, nach der Frucht eures Tuns.
Jeremia 21,14

Sein Herr sprach zu ihm: Recht so, du guter und treuer Knecht, du bist über wenigem treu gewesen, ich will dich über viel setzen; geh hinein zu deines Herrn Freude! *Matthäus 25,21*

Danket dem Schöpfer unsrer Welt, der uns lässt Treue erfahren: Er hat uns in den Dienst gestellt, dass wir sein Werk nun bewahren. Brüder und Schwestern, wehrt dem Leid mit Werken der Barmherzigkeit. Dienet dem Herren mit Freuden. Helmut Millauer

2. Korinther 12,1–10   Philipper 3,1–11

---

6. SONNTAG NACH TRINITATIS

So spricht der HERR, der dich geschaffen hat, Jakob, und dich gemacht hat, Israel: Fürchte dich nicht, denn ich habe dich erlöst; ich habe dich bei deinem Namen gerufen; du bist mein! *Jesaja 43,1*
Lesungen: Matthäus 28,16–20
Römer 6,3–8(9–11)   Jesaja 43,1–7   Psalm 21
Predigtvorschlag: 1. Petrus 2,2–10

27. Sonntag Der HERR wird seinem Volk Kraft geben. *Psalm 29,11*

Gott hat uns nicht gegeben den Geist der Furcht, sondern der Kraft und der Liebe und der Besonnenheit. *2. Timotheus 1,7*

Meine ganze Ohnmacht, was mich beugt und lähmt, bringe ich vor dich. Wandle sie in Stärke: Herr, erbarme dich. Mein verlornes Zutraun, meine Ängstlichkeit bringe ich vor dich. Wandle sie in Wärme: Herr, erbarme dich. BG 712,2.3 Eugen Eckert

28. Montag **Du sollst den Namen des HERRN, deines Gottes, nicht missbrauchen; denn der HERR wird den nicht ungestraft lassen, der seinen Namen missbraucht.** *2. Mose 20,7*
Unser Vater im Himmel! Dein Name werde geheiligt. *Matthäus 6,9*
Bei einer andächtigen Musik ist allezeit Gott mit seiner Gnaden Gegenwart.
Johann Sebastian Bach (275. Todestag)
2. Mose 14,15–22   Philipper 3,12–16

29. Dienstag **HERR, erhebe dich in deiner Kraft, so wollen wir singen und loben deine Macht.**
Psalm 21,14
Als Jesus schon nahe am Abhang des Ölbergs war, fing die ganze Menge der Jünger an, mit Freuden Gott zu loben mit lauter Stimme über alle Taten, die sie gesehen hatten. *Lukas 19,37*
Gottes Wort ruft uns zur Freude über das, was war und ist. Gottes Werke sind unendlich, die kein Sterblicher ermisst. Singend und mit Macht ergriffen blicken wir zum Herrn empor, um vereint mit einzustimmen in des Himmels grossen Chor. Detlev Block
1. Mose 32,23–32(33)   Philipper 3,17–21

Juli

30. Mittwoch   Behalte meine Gebote, so wirst du leben, und hüte meine Weisung wie deinen Augapfel. *Sprüche 7,2*

Da sagte der junge Mann zu Jesus: Das alles habe ich befolgt. Was fehlt mir noch? *Matthäus 19,20*

Liebe und übe, was Jesus dich lehret, was er dir saget, das kannst du auch tun. Fass es und lass es, was sein Wort verwehret, dann schenkt er Frieden, in ihm kannst du ruhn. Wohl dem, der Gottes Wort hört: es kann geben, Jesus zu folgen und danach zu leben.

Nach Bartholomäus Crasselius

Apostelgeschichte 16,23–34   Philipper 4,1–9

31. Donnerstag   So hoch der Himmel über der Erde ist, lässt er seine Gnade walten über denen, die ihn fürchten. *Psalm 103,11*

Wo aber die Sünde ihr volles Mass erreicht hatte, da wuchs die Gnade über alles Mass hinaus. Wie die Sünde ihre Macht ausübte, indem sie den Tod brachte, so wird die Gnade ihre Macht ausüben, indem sie uns vor Gott bestehen lässt und zum ewigen Leben führt. Das verdanken wir Jesus Christus, unserem Herrn. *Römer 5,20–21*

O grosser Gott von Macht und Stärke und gross auch von Barmherzigkeit, dass man durch deine Gnadenwerke doch recht erkennte weit und breit, wie herzlich du die Menschen liebst, ohn Ende Gut- und Wohltun übst.

BG 688,3   Henriette Katharina von Gersdorf

Matthäus 18,1–6   Philipper 4,10–23

AUGUST

1. Freitag **Bist du es nicht, HERR, unser Gott, auf den wir hoffen?** *Jeremia 14,22*

Gott hat uns ewiges Leben gegeben, und wir erhalten dieses Leben durch seinen Sohn.

1. Johannes 5,11

Hoffen, wider alle Hoffnung glauben, dass es dennoch weitergeht. Lieben, wo es beinah nicht mehr möglich, damit die Welt auch morgen noch besteht. Trauen dem, der uns gesagt hat: «Seht doch, ich bin bei euch alle Zeit.» Mit uns ist er auch in unserm Suchen, bis wir ihn schaun im Licht der Ewigkeit.

BG 251,1.4   Heinz Martin Lonquich

1. Johannes 5,6–10   Apostelgeschichte 17,1–15

2. Samstag **Denke keiner gegen seinen Bruder etwas Arges in seinem Herzen!** *Sacharja 7,10*

Euch allen sage ich: Haltet in derselben Gesinnung zusammen und habt Mitgefühl füreinander! Liebt euch gegenseitig als Brüder und Schwestern! Seid gütig und zuvorkommend zueinander! *1. Petrus 3,8*

Nehmt einander fest beim Wort. Glaube trägt, wenn wir ihn bauen; wenn ich zweifle, sollst du trauen. Nehmt einander fest beim Wort. Nehmt einander wirklich wahr. Leben lacht, wenn wir vergeben; wenn ich liebe, kannst du leben. Nehmt einander wirklich wahr.

Sabine Simon

Offenbarung 3,1–6   Apostelgeschichte 17,16–34

August 124

7. SONNTAG NACH TRINITATIS

So seid ihr nun nicht mehr Gäste und Fremdlinge, sondern Mitbürger der Heiligen und Gottes Hausgenossen.
Epheser 2,19

Lesungen: Johannes 6,1–15
Apostelgeschichte 2,41–47
2. Mose 16,2–3.11–18   Psalm 11
Predigtvorschlag: Johannes 6,30–35

3. Sonntag   Der HERR spricht: **Ich will dich unterweisen und dir den Weg zeigen, den du gehen sollst.**
Psalm 32,8

Jesus spricht: **Folge du mir nach!**   *Johannes 21,22*

Dir zu folgen, Gott, ist ein Weg in die Freiheit. Und auf dich zu hören, führt über ausgetretene Pfade hinaus. Schenke mir die Kraft zu tun, was ich fürchte, zu gehen, wohin ich nicht will, zu sehen, was mich erschreckt, zu hören, was mich entsetzt. Schenke mir Mut zu mir selbst und Liebe für die anderen. Durch Jesus Christus.   Ulrike Wagner-Rau

4. Montag   **Der HERR ist ein Gott des Rechts. Wohl allen, die auf ihn harren!**   *Jesaja 30,18*

Wenn es jemandem unter euch an Weisheit mangelt, so bitte er Gott, der jedermann gern und ohne Vorwurf gibt; so wird sie ihm gegeben werden.   *Jakobus 1,5*

Die Geschichte meines Lebens wird der Welt sagen, was sie mir sagt: Es gibt einen liebevollen Gott, der alles zum Besten führt.   Hans Christian Andersen

Johannes 6,47–51   Apostelgeschichte 18,1–22

August

5. Dienstag **Der HERR sprach zu Mose: Du sollst alles reden, was ich dir gebieten werde.**
2. Mose 7,1.2

Verkündige das Wort, tritt dafür ein, zur Zeit oder Unzeit, widerlege, tadle, bitte, in aller Geduld, wo die Lehre es gebietet! *2. Timotheus 4,2*

Hilf, dass ich rede stets, womit ich kann bestehen; lass kein unnützlich Wort aus meinem Munde gehen; und wenn in meinem Amt ich reden soll und muss, so gib den Worten Kraft und Nachdruck ohn Verdruss.
BG 913,3 Johann Heermann
Matthäus 22,1–14 Apostelgeschichte 18,23–19,7

6. Mittwoch **Ich will dem HERRN singen, denn er ist hoch erhaben.** *2. Mose 15,1*

Ich will beten mit dem Geist und will auch beten mit dem Verstand; ich will Psalmen singen mit dem Geist und will auch Psalmen singen mit dem Verstand. *1. Korinther 14,15*

Verleih mir, Höchster, solche Güte, so wird gewiss mein Singen recht getan; so klingt es schön in meinem Liede, und ich bet dich im Geist und Wahrheit an; so hebt dein Geist mein Herz zu dir empor, dass ich dir Psalmen sing im höhern Chor.
243,3 Bartholomäus Crasselius
Apg. 10,(21–23)24–36 Apg. 19,8–22

August

7. Donnerstag **Ihr erwartet wohl viel, aber siehe, es wird wenig; und wenn ihr's schon heimbringt, so blase ich's weg. Warum das?, spricht der HERR Zebaoth. Weil mein Haus so wüst dasteht; ihr aber eilt, ein jeder für sein Haus zu sorgen.** *Haggai 1,9*

Jesus sprach: **Weh euch Pharisäern! Denn ihr gebt den Zehnten von Minze und Raute und allem Kraut und geht vorbei am Recht und an der Liebe Gottes. Doch dies sollte man tun und jenes nicht lassen.**
Lukas 11,42

Lass Handel und Gewerbe unter uns dir geheiligt sein; lass es redlich zugehen in allen Dingen. Segne alle ehrliche Arbeit und mach uns treu in unserm Beruf; mach uns bereit, Opfer zu bringen und Liebe zu beweisen gegen jedermann, und lass wohlzutun und mitzuteilen uns nie vergessen.   Aus einer Liturgie der Brüdergemeine

1. Korinther 10,16.17   Apostelgeschichte 19,23–40

8. Freitag **Ich habe mir vorgenommen: Ich will mich hüten, dass ich nicht sündige mit meiner Zunge.** *Psalm 39,2*

Aus einem Munde kommt Loben und Fluchen. Das soll nicht so sein, meine Brüder und Schwestern. *Jakobus 3,10*

Ich rede, wenn ich schweigen sollte, und wenn ich etwas sagen sollte, dann bin ich plötzlich stumm. Herr, hilf das Rechte sagen. Hilf uns das Gute wagen. Herr, hilf das Rechte tun.
BG 724,1   Kurt Rommel

Lukas 22,14–20   Apostelgeschichte 20,1–16

August

9. Samstag **Tut von euch die fremden Götter, die unter euch sind, und neigt euer Herz zu dem HERRN.**
Josua 24,23

Paulus sagt: **Ich habe nichts verschwiegen, was für euch wichtig ist. Ich habe Juden und Griechen beschworen, zu Gott umzukehren und an Jesus, unseren Herrn, zu glauben.** *Apostelgeschichte 20,20.21*

Ich danke dir, mein Herr Christus, mit Herz und Mund preise und lobe ich dich vor der Welt, dass du der bist, der mir gnädig ist und mir hilft. Denn so hab ich's angenommen in der Taufe: dass du mein Herr und Gott sein sollst und kein anderer. Martin Luther

Offenbarung 19,4–9   Apostelgeschichte 20,17–38

---

8. SONNTAG NACH TRINITATIS

Wandelt als Kinder des Lichts; die Frucht des Lichts ist lauter Güte und Gerechtigkeit und Wahrheit.
Epheser 5,8b.9

Lesungen: Matthäus 5,13–16   Epheser 5,8b–14
Psalm 14
Predigtvorschlag: Jesaja 2,1–5

---

10. Sonntag **Der HERR segne dich und behüte dich.** *4. Mose 6,24*

Seid gewiss: Ich bin bei euch alle Tage bis an der Welt Ende. *Matthäus 28,20*

So komm und segne diesen Tag, gib uns dein Licht zum Zeichen, dass unser Herz dich fassen mag und wir dir, Sonne, gleichen. Gib Freude, Wachstum und Gedeihn, lass unsre Hand dein Werkzeug sein, durch Tage und durch Zeiten wirst du uns selbst begleiten. Jörg Zink

August

11. Montag **Wer des HERRN Namen anrufen wird, der soll errettet werden.** *Joel 3,5*

Jesus sprach: Seht zu, lasst euch nicht verführen. Denn viele werden kommen unter meinem Namen und sagen: Ich bin's, und: Die Zeit ist herbeigekommen. – Lauft ihnen nicht nach! *Lukas 21,8*

Behüt mich, Herr, hilf recht vollbringen, nicht rechts, nicht links, nicht rückwärts schaun und Dir nur über allen Dingen in Furcht und Liebe recht vertraun trotz aller Not, mit aller Kraft, die deine Gnade wirkt und schafft! Arno Pötzsch

Matthäus 7,7–12   Apostelgeschichte 21,1–14

12. Dienstag **Der HERR lebt! Gelobt sei mein Fels!** *Psalm 18,47*

Jesus sprach zu ihnen: So steht's geschrieben, dass der Christus leiden wird und auferstehen von den Toten am dritten Tage. *Lukas 24,46*

Drum weiss ich, was ich glaube, ich weiss, was fest besteht und in dem Erdenstaube nicht mit als Staub verweht; ich weiss, was in dem Grauen des Todes ewig bleibt und selbst auf seinen Auen des Himmels Blumen treibt. Das ist das Licht der Höhe, das ist der Jesus Christ, der Fels, auf dem ich stehe, der diamanten ist, der nimmermehr kann wanken, der Heiland und der Hort, die Leuchte der Gedanken, die leuchten hier und dort.

278,6.5 Ernst Moritz Arndt

Matthäus 5,33–37   Apostelgeschichte 21,15–26

13. Mittwoch Gottes Wahrheit ist Schirm und Schild. *Psalm 91,4*

Wer die Wahrheit tut, der kommt zu dem Licht, damit offenbar wird, dass seine Werke in Gott getan sind. *Johannes 3,21*

Erhalt uns in der Wahrheit, gib ewigliche Freiheit zu preisen deinen Namen durch Jesus Christus. Amen.
631,6   Ludwig Helmbold

Sprüche 8,12–21   Apostelgeschichte 21,27–40

13. August 1727: Abendmahlsfeier in der Kirche zu Berthelsdorf; Zusammenschluss der Einwohner Herrnhuts zur Brüdergemeine durch den Geist Gottes

14. Donnerstag Der HERR sprach: Ich habe vergeben, wie du es erbeten hast. *4. Mose 14,20*

Wenn ihr steht und betet, so vergebt, wenn ihr etwas gegen jemanden habt, damit auch euer Vater im Himmel euch vergebe eure Übertretungen.
Markus 11,25

Lieber Herr Jesus, wandle uns von Grund auf, dass allen denen wir auch gern vergeben, die uns beleidigt, die uns Unrecht taten, selbst sich verfehlten.
454,3   Imre Péczeli Király/
                                   Vilmos Gyöngyösi, Dieter Trautwein

1. Korinther 12,27–13,3   Apostelgeschichte 22,1–22

August

15. Freitag **Ich will dich loben mein Leben lang und meine Hände in deinem Namen aufheben.**
Psalm 63,5

Das ganze Volk sah den Geheilten umhergehen und Gott loben. *Apostelgeschichte 3,9*

Ich will dich all mein Leben lang, o Gott, von nun an ehren, man soll, Gott, deinen Lobgesang an allen Orten hören. Mein ganzes Herz ermuntre sich, mein Geist und Leib erfreue dich. Gebt unserm Gott die Ehre!
240,7   Johann Jakob Schütz

Epheser 4,25–32   *Apostelgeschichte 22,23–30*

16. Samstag **Ist's nicht so: Wenn du fromm bist, so kannst du frei den Blick erheben. Bist du aber nicht fromm, so lauert die Sünde vor der Tür, und nach dir hat sie Verlangen; du aber herrsche über sie.** *1. Mose 4,7*

Als Judas, der Jesus verraten hatte, sah, dass er zum Tode verurteilt war, reute es ihn, und er brachte die dreissig Silberlinge den Hohenpriestern und Ältesten zurück und sprach: Ich habe gesündigt, unschuldiges Blut habe ich verraten.
Matthäus 27,3–4

Wenn ins Gericht du wolltest gehn und mit uns Sündern rechten, wie könnten wir vor dir bestehn und wer würd uns verfechten! O Herr, sieh uns barmherzig an und hilf uns wieder auf die Bahn zur Pforte der Gerechten.
BG 727,5   Michael Weiße

Philipper 2,(13)14–18   *Apostelgeschichte 23,1–11*

9. SONNTAG NACH TRINITATIS

Wem viel gegeben ist, bei dem wird man viel suchen; und wem viel anvertraut ist, von dem wird man umso mehr fordern. *Lukas 12,48b*
Lesungen: Matthäus 13,44–46
Jeremia 1,4–10   Psalm 63
Predigtvorschlag: Philipper 3,(4b–6)7–14

17. Sonntag **Unser Leben währet siebzig Jahre, und wenn's hoch kommt, so sind's achtzig Jahre, und was daran köstlich scheint, ist doch nur vergebliche Mühe; denn es fähret schnell dahin, als flögen wir davon.** *Psalm 90,10*

Christus möchte ich erkennen und die Kraft seiner Auferstehung. *Philipper 3,10*

Darum will ich vertrauen und meine Hoffnung bauen auf dich, den Herrn der Zeit. Gewähre mir die Gnade, dass ich am End' der Pfade darf schauen deine Herrlichkeit. Andreas Tasche

18. Montag **Machet kund unter den Völkern sein Tun, verkündiget, wie sein Name so hoch ist!**
Jesaja 12,4

Geht nun hin und macht alle Völker zu Jüngern: Tauft sie auf den Namen des Vaters und des Sohnes und des heiligen Geistes, und lehrt sie alles halten, was ich euch geboten habe. *Matthäus 28,19–20*

Herr, sende mich wie deine Jünger und gehe du mir selbst voran. Ich will dir folgen, will bei dir bleiben und will dir treu sein; gib du mir Kraft.   185,5   Otmar Schulz
Lukas 16,10–13   Apostelgeschichte 23,12–35

August

19. Dienstag **Der Himmel wird wie ein Rauch vergehen und die Erde wie ein Kleid zerfallen, und die darauf wohnen, werden wie Mücken dahinsterben. Aber mein Heil bleibt ewiglich.** *Jesaja 51,6*

Wenn aber kommen wird das Vollkommene, so wird das Stückwerk aufhören. *1. Korinther 13,10*

Aber noch tragen wir der Erde Kleid. Uns hält gefangen Irrtum, Schuld und Leid; doch deine Treue hat uns schon befreit. Halleluja, Halleluja. Welch ein Geheimnis wird an uns geschehn! Leid und Geschrei und Schmerz muss dann vergehn, wenn wir von Angesicht dich werden sehn. Halleluja, Halleluja.
865,4.3 Anna Martina Gottschick

1. Könige 3,16–28   Apostelgeschichte 24,1–21

20. Mittwoch **Nur Hauch sind die Menschen, Trug die Sterblichen. Auf der Waage schnellen sie empor, allesamt leichter als Hauch.** *Psalm 62,10*

Sammelt euch Schätze im Himmel, wo weder Motten noch Rost sie fressen und wo Diebe nicht einbrechen und stehlen. Denn wo dein Schatz ist, da ist auch dein Herz. *Matthäus 6,20–21*

Du grosser Gott der Ewigkeit, in deiner Hand steht meine Zeit. Du gibst mir Raum zum Leben und wirst mir auch den Lebenshauch nach dieser Weltzeit geben. So seid getrost und unverzagt, die ihr auf Gott das Leben wagt! Ihr werdet es erfahren, dass ihr sie spürt, wie sie euch führt, die Macht des Unsichtbaren.

Detlev Block

1. Korinther 10,23–31   Apostelgeschichte 24,22–27

21. Donnerstag Gott spricht: **Im Schweiss deines Angesichts wirst du dein Brot essen, bis du zum Erdboden zurückkehrst, denn von ihm bist du genommen. Denn Staub bist du, und zum Staub kehrst du zurück.** *1. Mose 3,19*

Wer auf den Boden seiner selbstsüchtigen Natur sät, wird von seiner Selbstsucht das Verderben ernten. Aber wer auf den Boden von Gottes Geist sät, wird von diesem Geist das ewige Leben ernten. *Galater 6,8*

Wir sind mitten im Leben zum Sterben bestimmt; was da steht, das wird fallen. Der Herr gibt und nimmt. Wir gehören für immer dem Herrn, der uns liebt; was auch soll uns geschehen: Er nimmt und er gibt. Wir sind mitten im Sterben zum Leben bestimmt; was da fällt, soll erstehen. Er gibt, wenn er nimmt.
757,1–3   Lothar Zenetti
1. Timotheus 4,6–16   Apostelgeschichte 25,1–12

21. August 1732: Aussendung der ersten Missionare aus Herrnhut

22. Freitag **Nehmt euch in acht bei eurem Tun, denn beim HERRN, unserem Gott, gibt es keine Ungerechtigkeit und kein Ansehen der Person und keine Bestechlichkeit.** *2. Chronik 19,7*

Prüft, was dem Herrn wohlgefällig ist. *Eph. 5,10*

Öffne mir die Augen für das Gute, das Nährende. Lass mich in den Falten des Alltäglichen das Liebenswerte finden. Zeichne deine Spur in diesen Tag. Zeichne deine Spur in unsere Herzen.   Antje Sabine Naegeli
Jeremia 1,11–19   Apostelgeschichte 25,13–27

August

23. Samstag **Mir hast du Arbeit gemacht mit deinen Sünden und hast mir Mühe gemacht mit deinen Missetaten. Ich, ich tilge deine Übertretungen um meinetwillen und gedenke deiner Sünden nicht.**
Jesaja 43,24–25

Jesus antwortete ihnen: Mein Vater wirkt bis auf diesen Tag, und ich wirke auch. *Johannes 5,17*

O Gott und Vater, sieh doch an uns Armen und Elenden, die wir sehr übel han getan mit Herzen, Mund und Händen; verleih uns, dass wir Busse tun und sie in Christus, deinem Sohn, zur Seligkeit vollenden.
BG 727,2 Michael Weiße

Lukas 12,42–48   Apostelgeschichte 26,1–23

---

10. SONNTAG NACH TRINITATIS

Wohl dem Volk, dessen Gott der HERR ist, dem Volk, das er zum Erbe erwählt hat! *Psalm 33,12*
Lesungen: Römer 11,25–32   2. Mose 19,1–6
Psalm 17
Predigtvorschlag: Markus 12,28–34

24. Sonntag **Wir, dein Volk, die Schafe deiner Weide, danken dir ewiglich und verkünden deinen Ruhm für und für.** *Psalm 79,13*

Jesus spricht: **Ich bin der gute Hirte und kenne die Meinen und die Meinen kennen mich.** *Johannes 10,14*

Walte über uns in Lieb und Gnaden, führ uns sicher, wend ab allen Schaden, dass deine Herde, treuster Hirte, dir zum Preise werde.
BG 508,3 Christian Gregor

August

25. Montag **Wenn du auf die Stimme des HERRN, deines Gottes, hörst: Gesegnet bist du in der Stadt, und gesegnet bist du auf dem Feld.** *5. Mose 28,2–3*

Ihr bittet und empfangt's nicht, weil ihr in übler Absicht bittet, nämlich damit ihr's für eure Gelüste vergeuden könnt. *Jakobus 4,3*

Gott gab uns Ohren, damit wir hören. Er gab uns Worte, dass wir verstehn. Gott will nicht diese Erde zerstören. Er schuf sie gut, er schuf sie schön.
841,2 Eckart Bücken

Römer 11,1–6(7–10)11.12   Apostelgeschichte 26,24–32

26. Dienstag **Der HERR behütet dich; der HERR ist dein Schatten über deiner rechten Hand, dass dich des Tages die Sonne nicht steche noch der Mond des Nachts.** *Psalm 121,5–6*

Gnade sei mit euch und Friede von Gott, unserm Vater, und dem Herrn Jesus Christus! *Philemon 3*

Der Gott, der Hoffnung macht, schenke euren Träumen langen Atem, dass euch nicht alle guten Geister verlassen, dass euch die Liebe nicht ausgeht zu allem Lebendigen, dass die Zärtlichkeit euch zu Nächsten macht, dass, wo immer ihr seid, Friede und Gerechtigkeit sich küssen. Sybille Fritsch

Jesaja 51,1–6(7)   Apostelgeschichte 27,1–12

August

27. Mittwoch **Wen der HERR liebt, den weist er zurecht, und hat doch Wohlgefallen an ihm wie ein Vater am Sohn.** *Sprüche 3,12*

Der Vater sprach zum älteren Sohn: **Feiern muss man jetzt und sich freuen, denn dieser dein Bruder war tot und ist lebendig geworden, war verloren und ist gefunden worden.** *Lukas 15,32*

Vater im Himmel! Deine Gnade und Barmherzigkeit wechseln nicht mit dem Wechsel der Zeiten, als wärest du ein Mensch, den einen Tag gnädiger, den anderen Tag zorniger. Nein, deine Gnade bleibt unverändert und doch jung und neu mit jedem neuen Tag. Sören Kierkegaard

Johannes 4,19–26   Apostelgeschichte 27,13–26

28. Donnerstag **Du wirst sein eine schöne Krone in der Hand des HERRN und ein königlicher Reif in der Hand deines Gottes.** *Jesaja 62,3*

Jesus sprach: **Wenn du eingeladen bist, so geh hin und setz dich untenan, damit, wenn der kommt, der dich eingeladen hat, er zu dir sagt: Freund, rücke hinauf! Dann wirst du Ehre haben vor allen, die mit dir zu Tisch sitzen.** *Lukas 14,10*

Wann, o Herr Jesu, dort vor deinem Throne wird stehn auf meinem Haupt die Ehrenkrone, da will ich dir, wenn alles wird wohl klingen, Lob und Dank singen.
440,10   Johann Heermann

Römer 11,(13–16)17–24   Apg. 27,27–44

29. Freitag **H‍ERR Zebaoth, du bist allein Gott über alle Königreiche auf Erden, du hast Himmel und Erde gemacht.** *Jesaja 37,16*

Alles ist durch ihn geworden, und ohne ihn ist auch nicht eines geworden, das geworden ist. *Joh. 1,3*

Gott steht am Anbeginn und er wird alles enden. In seinen starken Händen liegt Ursprung, Ziel und Sinn.
BG 386,5 Jan Wit/Markus Jenny

Epheser 2,11–18   Apostelgeschichte 28,1–16

30. Samstag **Herr, du lässt mich genesen und am Leben bleiben.** *Jesaja 38,16*

Es traf sich aber, dass der Vater des Publius mit Fieber und Durchfall darniederlag. Da ging Paulus zu ihm hinein und betete, legte ihm die Hände auf und machte ihn gesund. *Apostelgeschichte 28,8*

Den Kranken in der Gemeine bleib ein Arzt und Helfer für Seel und Leib und lass ihre Schwachheit gesegnet werden, dein Werk und Willen zu tun auf Erden, in ihrem Teil.
BG 642,4 Nikolaus Ludwig von Zinzendorf

5. Mose 4,27–35(36–40)   Apg. 28,17–31

---

11. SONNTAG NACH TRINITATIS

Gott widersteht den Hochmütigen, aber den Demütigen gibt er Gnade. *1. Petrus 5,5b*
Lesungen: Lukas 18,9–14   Epheser 2,4–10
2. Samuel 12,1–10.13–15a   Psalm 119,49–56
Predigtvorschlag: Hiob 23

August

31. Sonntag   Wohl allen, die auf ihn trauen!
Psalm 2,12

Durch Christus Jesus haben wir Freimut und Zugang in aller Zuversicht durch den Glauben an ihn.
Epheser 3,12

Herr, ich komme zu dir, und ich steh' vor dir, so wie ich bin. Alles, was mich bewegt, lege ich vor dich hin. Herr, ich komme zu dir, und ich schütte mein Herz bei dir aus. Was mich hindert, ganz bei dir zu sein, räume aus! Meine Sorgen sind dir nicht verborgen, du wirst sorgen für mich. Voll Vertrauen will ich auf dich schauen. Herr, ich baue auf dich!   Albert Frey

SEPTEMBER

1. Montag **Haltet dem Herrn, eurem Gott, die Treue, so wie ihr es bisher getan habt.** *Josua 23,8*

Wir wollen die Versammlung der Gemeinde nicht verlassen, wie es bei einigen üblich geworden ist, sondern einander mit Zuspruch beistehen, und dies umso mehr, als ihr den Tag nahen seht.
Hebräer 10,25

Geschwister, wir geben uns Herzen und Hände, treu wollen wir bleiben und fest bis ans Ende in Jesus verbunden, wohin wir auf Erden zum Säen und Ernten auch ausgesandt werden.
511,4 Nikolaus Ludwig von Zinzendorf

Matthäus 23,1–12   4. Mose 6,22–27

2. Dienstag **Wer bin ich, Herr Herr, und was ist mein Haus, dass du mich bis hierher gebracht hast?**
2. Samuel 7,18

Als Lydia aber mit ihrem Hause getauft war, bat sie uns und sprach: Wenn ihr anerkennt, dass ich an den Herrn glaube, so kommt in mein Haus und bleibt da. *Apostelgeschichte 16,15*

Gott, in deinen Händen wünsch ich mir mein Haus. Dort bin ich geschützt und du bist da. Du bist meine Sehnsucht. Du schenkst mir dein Wort. Heile meine Seele, sei mir nah. Gott, mit deiner Liebe fängt mein Leben an. Du bist es, der meinen Sinn ersann.
Anna-Mari Kaskinen/Fritz Baltruweit

1. Samuel 17,38–51   4. Mose 9,15–23

September

3. Mittwoch **Ich will euch ein neues Herz und einen neuen Geist in euch geben.** *Hesekiel 36,26*

Liebt eure Feinde und bittet für die, die euch verfolgen, auf dass ihr Kinder seid eures Vaters im Himmel. *Matthäus 5,44–45*

Dich, den Gott, der sich im Evangelium Jesu Christi offenbart, bitten wir für Menschen in ihrer Verblendung. Lass Böse die Güte entdecken. Lass Lügner sich an der Wahrheit freuen. Lass Nörgler die Schönheit der Schöpfung sehen. Gib allen, die deine Botschaft weitersagen, das rechte Wort zur richtigen Zeit. Lass deine Gemeinde sich auf die Kraft deines Geistes besinnen.

Manfred Josuttis

Johannes 8,3–11   4. Mose 10,11–36

4. Donnerstag **Von Gott werde dir geholfen, und von dem Allmächtigen seist du gesegnet.**

1. Mose 49,25

Das Evangelium ist eine Kraft Gottes, die selig macht alle, die glauben. *Römer 1,16*

Indem ich mich in den Dienst des Lebendigen stelle, gelange ich zu einem sinnvollen, auf die Welt gerichteten Tun. Albert Schweitzer

1. Petrus 5,1–5   4. Mose 11,1–23

Ökumenischer Tag der Schöpfung

5. Freitag **Nimm ja nicht von meinem Munde das Wort der Wahrheit.** *Psalm 119,43*

Sie haben Gottes Wahrheit in Lüge verkehrt und das Geschöpf verehrt und ihm gedient statt dem Schöpfer, der gelobt ist in Ewigkeit. *Römer 1,25*

Du führst den Weg durch Wahrheit und durch Lüge. Gib, dass ich mich, Herr, deiner Führung füge. Du bringst ans Ziel durch Lachen und durch Weinen alle die Deinen.

BG 822,3 Detlev Block

Lukas 22,54–62   4. Mose 11,24–35

6. Samstag   Gott spricht: **Ich will für Israel wie der Tau sein, dass es blüht wie eine Lilie.** *Hosea 14,6*

Jesus spricht: **Darum sollt ihr nicht sorgen und sagen: Was werden wir essen? Was werden wir trinken? Womit werden wir uns kleiden? Denn euer himmlischer Vater weiss, dass ihr all dessen bedürft.** *Matthäus 6,31.32*

Aller Augen sind erhoben, Herr, auf dich zu jeder Stund, dass du Speise gibst von oben und versorgest jeden Mund. Und du öffnest deine Hände, dein Vermögen wird nicht matt; deine Hilfe, Gab und Spende machet alle froh und satt.

543,2 Heinrich Puchta

Markus 7,24–30   4. Mose 12,1–16

September 142

12. SONNTAG NACH TRINITATIS

Das geknickte Rohr wird er nicht zerbrechen, und den glimmenden Docht wird er nicht auslöschen.
Jesaja 42,3a

Lesungen: Markus 7,31–37
Apostelgeschichte 9,1–20
Jesaja 29,17–24   Psalm 119,57–64
Predigtvorschlag: Apostelgeschichte 3,1–10

7. Sonntag **Ich will dem HERRN sehr danken mit meinem Munde und ihn rühmen in der Menge.**
Psalm 109,30

Jesus legte die Hände auf die verkrümmte Frau; und sogleich richtete sie sich auf und pries Gott.
Lukas 13,13

Gott, dir sei Dank für dein gewisses Ja, das zu mir sprach, als ich nur Dunkel sah. In Freud und Leid warst du mir immer nah. Halleluja!   BG 895,3   Walter Klaiber

8. Montag   **Gott sende seine Güte und Treue.**
Psalm 57,4

Die Frucht des Geistes ist Liebe, Freude, Frieden, Geduld, Güte, Rechtschaffenheit, Treue, Sanftmut, Selbstbeherrschung.   *Galater 5,22–23*

Wäre ich so bereit und fände Gott soweit Raum in mir wie in unserem Herrn Jesus Christus, er würde mich ebenso mit seiner Flut erfüllen. Denn der Heilige Geist kann sich nicht enthalten, in all das zu fliessen, wo er Raum findet, und soweit, wie er Raum findet.   Meister Eckhart

Matthäus 9,27–34   4. Mose 13,1–3.17–33

9. Dienstag **Es hat dem HERRN gefallen, euch zu seinem Volk zu machen.** *1. Samuel 12,22*

Die Apostel priesen Gott und sprachen: Nun hat Gott also auch den anderen Völkern die Umkehr zum Leben gewährt. *Apostelgeschichte 11,18*

Ich bin gewiss, dass du auch mich zu deinem Volk gezählet, mit deinem Herzen ewiglich verbunden und vermählet und, wenn du bei dem Vater stehst, auch mit für meine Seele flehst.
BG 504,3 Nikolaus Ludwig von Zinzendorf
Markus 3,1–10(11.12) 4. Mose 14,1–25

10. Mittwoch **Unser Gott, du grosser Gott, mächtig und schrecklich, der du Bund und Treue hältst, achte nicht gering all das Elend, das uns getroffen hat.** *Nehemia 9,32*

Ich bin gewiss, dass weder Tod noch Leben, weder Engel noch Mächte noch Gewalten, weder Gegenwärtiges noch Zukünftiges, weder Hohes noch Tiefes noch irgendeine andere Kreatur uns scheiden kann von der Liebe Gottes, die in Christus Jesus ist, unserm Herrn. *Römer 8,38–39*

Gott, mein Gott, weil du mein bist, fehlt mir nichts. Und weil ich dein bin, werde ich mich ewig in dir, Gott, meinem Heil, rühmen. In all meiner Trübsal bereitest du mir zu Ehren Gastmahle in dir. Und wo geht es meiner Seele gut, wenn nicht in dir, o Gott meines Lebens?
Gertrud von Helfta
Johannes 4,46–54 4. Mose 14,26–38

September

11. Donnerstag Ich bin der HERR. Was ich rede, das soll geschehen und sich nicht lange hinausziehen.
Hesekiel 12,25

Da nun die Schrift voraussah, dass Gott die Völker aus Glauben gerecht machen würde, hat sie dem Abraham das Evangelium im Voraus verkündigt: In dir werden alle Völker gesegnet werden.
Galater 3,8

Jetzt hat er sein Erbarmen an Israel vollbracht, sein Volk mit mächtgen Armen gehoben aus der Nacht. Der uns das Heil verheissen, hat eingelöst sein Wort. Drum werden ihn lobpreisen die Völker fort und fort.
BG 130,3   Maria Luise Thurmair

Lukas 8,1–3   4. Mose 14,39–45

12. Freitag Fürchte dich nicht vor plötzlichem Schrecken; denn der HERR ist deine Zuversicht.
Sprüche 3,25.26

Als die Jünger Jesus auf dem See gehen sahen, erschraken sie, weil sie meinten, es sei ein Gespenst, und sie schrien vor Angst. Sogleich aber redete Jesus mit ihnen: Seid getrost, ich bin es. Fürchtet euch nicht!
Matthäus 14,26–27

Nun weiss und glaub ich feste, ich rühm's auch ohne Scheu, dass Gott, der Höchst und Beste, mein Freund und Vater sei und dass in allen Fällen er mir zur Rechten steh und dämpfe Sturm und Wellen und was mir bringet Weh.
656,2   Paul Gerhardt

Matthäus 12,15–21   4. Mose 17,16–26

September

13. Samstag **Auf Gott hoffe ich und fürchte mich nicht; was können mir Menschen tun?** *Psalm 56,12*

So hatte nun die Gemeinde Frieden in ganz Judäa und Galiläa und Samarien und baute sich auf und lebte in der Furcht des Herrn und mehrte sich unter dem Beistand des Heiligen Geistes.
Apostelgeschichte 9,31

Scharen von Schwestern und Brüdern im Glauben singen, was damals Maria gesungen, als ihr geschah, wie der Engel versprochen: Den Herrn preist meine Seele. Ich freue mich, dass er mein Retter ist. Die Stolzen stürzt er endlich vom Thron. Halleluja. Halleluja.
2,2　　　　　　　　　　Svein Ellingsen/Jürgen Henkys
Apostelgeschichte 9,31–35   4. Mose 20,1–13

---

13. SONNTAG NACH TRINITATIS

Christus spricht: Was ihr getan habt einem von diesen meinen geringsten Brüdern, das habt ihr mir getan.
Matthäus 25,40b
Lesungen: Lukas 10,25–37   1. Johannes 4,7–12
3. Mose 19,1–3.13–18.33–34   Psalm 119,65–72
Predigtvorschlag: Markus 3,31–35

---

14. Sonntag **Ich will mich freuen des HERRN und fröhlich sein in Gott, meinem Heil.** *Habakuk 3,18*

Als der Sohn noch weit entfernt war, sah ihn sein Vater und es jammerte ihn, und er lief und fiel ihm um den Hals und küsste ihn. *Lukas 15,20*

September

Behalte mich in deiner Liebe, so wie du willst, dass andere bleiben in der meinen. Möchte sich alles in diesem meinem Wesen zu deiner Ehre wenden, und möchte ich nie verzweifeln. Denn ich bin unter deiner Hand, und alle Kraft und Güte sind in dir.

Dag Hammarskjöld

15. Montag Der HERR sprach zu Mose: **Ich will ihnen einen Propheten, wie du bist, erwecken aus ihren Brüdern und meine Worte in seinen Mund geben.** *5. Mose 18,18*
Und viele, die zuhörten, verwunderten sich und sprachen: Ist der nicht der Zimmermann?
Markus 6,2.3
Weil du die Krone göttlicher Herrlichkeit dir nicht genommen, weil du erwählt hast, arm und geschmäht zu sein, weiss ich, wer Gott ist.
BG 352,1   Olov Hartmann/Jürgen Henkys
Matthäus 6,1–4   4. Mose 20,22–29

16. Dienstag **Die Himmel erzählen die Ehre Gottes.** *Psalm 19,2*
Preist Gott mit eurem Leibe.   *1. Korinther 6,20*
Wir wollen dich loben mit Orgel und Trommel, im Wachen und Träumen, bei Arbeit und Tanz, mit Lächeln und Tränen, im Lieben und Leiden. Nimm unsre Versuche in Gnaden, Herr, an.
BG 554,3   Christa Dixon
Amos 5,4–15   4. Mose 21,4–9

September

17. Mittwoch Jeremia sprach: **Ich dachte: Ich will seiner nicht mehr gedenken und nicht mehr in seinem Namen predigen. Aber es ward in meinem Herzen wie ein brennendes Feuer.** *Jeremia 20,9*

Betet zugleich auch für uns, auf dass Gott uns eine Tür für das Wort auftue und wir vom Geheimnis Christi reden können, um dessentwillen ich auch in Fesseln bin, auf dass ich es so offenbar mache, wie ich es soll. *Kolosser 4,3–4*

Schenke jedem Mut und Glauben, einen dir ergebnen Sinn; will der Feind uns etwas rauben, gib uns durch dein Blut Gewinn. Löse jedes, das gebunden, und was frei ist, rüste aus mit den Kräften deiner Wunden zu dem Dienst an deinem Haus.
BG 544,2 Esther Grünbeck
5. Mose 24,(10–15)17–22   4. Mose 21,21–35

18. Donnerstag Der HERR spricht: **Warum zählt ihr Geld dar für das, was kein Brot ist, und euren sauren Verdienst für das, was nicht satt macht? Hört doch auf mich, so werdet ihr Gutes essen.**
Jesaja 55,2

Jesus sprach: **Diese Witwe hat von ihrer Armut ihre ganze Habe eingelegt, alles, was sie zum Leben hatte.** *Markus 12,44*

Wer Gott folgt, riskiert seine Träume, setzt eigene Pläne aufs Spiel. Auch als Verlierer kommt ihr nicht zu kurz. Gott bringt euch an sein gutes Ziel.
Theo Lehmann/Jörg Swoboda
2. Korinther 8,10–17   4. Mose 22,1–20

September 148

19. Freitag   **Was vom Hause Juda errettet und übrig geblieben ist, wird von Neuem nach unten Wurzeln schlagen und oben Frucht tragen.**
2. Könige 19,30

Jesus spricht: **Bleibt in mir und ich in euch. Wie die Rebe keine Frucht bringen kann aus sich selbst, wenn sie nicht am Weinstock bleibt, so auch ihr nicht, wenn ihr nicht an mir bleibt.**   *Johannes 15,4*

Freut euch, ihr Christen, nehmt wahr, was Gott verheisst, dass wir im Dunkel nicht treiben: Wahrheit und Licht und die Kraft, durch seinen Geist in seiner Liebe zu bleiben.
BG 241,9   Gerhard Hopfer
Jakobus 2,5–13   4. Mose 22,21–41

20. Samstag   **Lehre mich tun nach deinem Wohlgefallen, denn du bist mein Gott; dein guter Geist führe mich auf ebner Bahn.**   *Psalm 143,10*

Alle, die sich vom Geist Gottes führen lassen, die sind Gottes Söhne und Töchter.   *Römer 8,14*

Der Heilige Geist schafft Glauben! Er füllt dich nicht mit Licht, das alle Dunkelheit vertreibt, und legt nicht eine Kraft in dich, die dich zum Helden macht; aber er lehrt dich, die Hand Jesu fassen in der festen Zuversicht: du bist mein Hirte; und er lehrt dich, den Weg Jesu gehen in der Gewissheit: das ist Gottes Weg.
                                                            Adolf Schlatter
Judas 1.2.20–25   4. Mose 23,1–12

EIDGENÖSSISCHER DANK-, BUSS- UND BETTAG

Gerechtigkeit erhöht ein Volk; aber die Sünde ist der Leute Verderben. *Sprüche 14,34*
Lesungen: Lukas 13,(1–5)6–9   Jesaja 1,10–18
2. Petrus 2,1–11
Predigtvorschlag: Römer 2,1–11

14. SONNTAG NACH TRINITATIS

Lobe den HERRN, meine Seele, und vergiss nicht, was er dir Gutes getan hat. *Psalm 103,2*
Lesungen: Lukas 17,11–19   Römer 8,14–17
Psalm 20
Predigtvorschlag: 1. Mose 28,10–19a(19b–22)

21. Sonntag   Rut sprach: **Bedränge mich nicht, dass ich dich verlassen und von dir umkehren sollte. Wo du hingehst, da will ich auch hingehen; wo du bleibst, da bleibe ich auch. Dein Volk ist mein Volk, und dein Gott ist mein Gott.** *Rut 1,16*

Boas zeugte Obed; die Mutter war Rut. Obed zeugte Isai. Isai zeugte den König David. Jakob zeugte Josef, den Mann von Maria. Sie wurde die Mutter von Jesus, der Christus genannt wird. *Matthäus 1,5.6.16*

Was der alten Väter Schar höchster Wunsch und Sehnen war, was die Seher prophezeit, ist erfüllt in Herrlichkeit. Zions Hilf und Abrams Lohn, Jakobs Heil und Davids Sohn, Wunderbar, Rat, Kraft und Held hat sich treulich eingestellt.

369,2–3   Heinrich Held

September 150

22. Montag Was der HERR tut, das ist herrlich und prächtig, und seine Gerechtigkeit bleibt ewiglich. *Psalm 111,3*

Ich habe nicht meine eigene Gerechtigkeit, die aus dem Gesetz kommt, sondern jene Gerechtigkeit durch den Glauben an Christus, die aus Gott kommt aufgrund des Glaubens. *Philipper 3,9*

Sing heut und freu dich, Christenheit, lob Gott mit grosser Innigkeit, weil dir dein Heiland ist gesandt, der Jesus Christus ist genannt. So nimm ihn auch mit Freuden an, tritt frohgemut auf seine Bahn, wirf alle dein Gerechtigkeit zu Füssen seiner Heiligkeit.
BG 204,1.3 Böhmische Brüder
5. Mose 26,1–11   4. Mose 23,13–30

23. Dienstag Ich will euch von all eurer Unreinheit erlösen. *Hesekiel 36,29*

Gott hat uns nicht zur Unsittlichkeit berufen, sondern zu einem Leben in Heiligkeit.
1. Thessalonicher 4,7

Ich möchte gern so sein, wie Gott mich haben will, weil er mich so behandelt, als wäre ich schon so.
Hannelore Frank
Galater 5,22–26   4. Mose 24,1–25

September

24. Mittwoch **Hilf du uns, Gott, unser Helfer, um deines Namens Ehre willen! Errette uns und vergib uns unsre Sünden um deines Namens willen!**
Psalm 79,9

In seinem Namen wird allen Völkern Umkehr verkündigt werden zur Vergebung der Sünden.
Lukas 24,47

Wem die Last der Sünde ward abgenommen, über den wird Gottes Art mächtig kommen, dass er gerne auch vergibt denen, die ihn betrüben; denn wer von dem Herrn geliebt, kann die Menschen lieben.

Kurt Müller-Osten

Philemon 1–16(17–22)   4. Mose 27,12–23

25. Donnerstag **Siehe: Der die Berge gemacht und den Wind geschaffen hat, der dem Menschen sagt, was er im Sinne hat – er heisst «Herr, Gott Zebaoth».**
Amos 4,13

Halleluja! König geworden ist der Herr, unser Gott, der Herrscher über das All. *Offenbarung 19,6*

Dieser hat Himmel, Meer und die Erden und was darinnen ist gemacht; alles muss pünktlich erfüllet werden, was er uns einmal zugedacht. Er ist's, der Herrscher aller Welt, welcher uns ewig Treue hält. Halleluja, Halleluja.

99.4   Johann Daniel Herrnschmidt

1. Chronik 29,9–18   Lukas 13,18–21

September 152

26. Freitag   **Viele sagen von mir: Er hat keine Hilfe bei Gott. Aber du, HERR, bist der Schild für mich, du bist meine Ehre und hebst mein Haupt empor.**
Psalm 3,3–4

Einer aber unter den zehn aussätzigen Männern, als er sah, dass er gesund geworden war, kehrte er um und pries Gott mit lauter Stimme. *Lukas 17,15*

Hat schwere Sorge mich bedrängt, ward deine Treue mir verheissen. Den Strauchelnden hast du gelenkt und wirst ihn stets vom Abgrund reissen. Wenn immer ich den Weg nicht sah: Dein Wort wies ihn. Das Ziel war nah.   Jochen Klepper

Johannes 13,31–35   Lukas 13,22–30

27. Samstag   **Fürchtet euch nur nicht und stärkt eure Hände!**   *Sacharja 8,13*

Jesus spricht: **In der Welt habt ihr Angst; aber seid getrost, ich habe die Welt überwunden.** *Johannes 16,33*

Darauf so sprech ich Amen und zweifle nicht daran, Gott wird es alls zusammen in Gnaden sehen an, und streck nun aus mein Hand, greif an das Werk mit Freuden, dazu mich Gott beschieden in mei'm Beruf und Stand.
564,5   Nach Georg Niege

2. Thessalonicher 2,13–17   Lukas 13,31–35

15. SONNTAG NACH TRINITATIS

Alle eure Sorge werft auf ihn; denn er sorgt für euch.
1. Petrus 5,7
Lesungen: Matthäus 6,25–34
1. Mose 2,4b–9(10–14)15(18–25)   Psalm 46
Predigtvorschlag: 1. Petrus 5,5b–11

28. Sonntag **Der HERR behütet die Fremdlinge und erhält Waisen und Witwen.** *Psalm 146,9*

Vergesst die Gastfreundschaft nicht. Denn auf diese Weise haben manche, ohne es zu wissen, Engel als Gäste aufgenommen. *Hebräer 13,2*

Dass Erde und Himmel dir blühen, dass Freude sei grösser als Mühen, dass Zeit auch für Wunder, für Wunder dir bleib, und Frieden für Seele und Leib!
734   Kurt Rose

MICHAELISTAG

Der Engel des HERRN lagert sich um die her, die ihn fürchten, und hilft ihnen heraus. *Psalm 34,8*
Lesungen: Offenbarung 12,7–12
1. Mose 21,8–21   Lukas 14,1–6
Predigtvorschlag: Lukas 10,17–20

29. Montag **Ich bin dein, hilf mir.** *Psalm 119,94*

Plötzlich stand da der Engel des Herrn, und die ganze Zelle war von strahlendem Licht erfüllt. Der Engel weckte Petrus durch einen Stoss in die Seite und sagte: Schnell, steh auf! Da fielen Petrus die Ketten von den Händen. *Apostelgeschichte 12,7*

September

Gott hat mir längst einen Engel gesandt, mich durch das Leben zu führen. Und dieser Engel hält meine Hand, wo ich auch bin, kann ich's spüren. Mein Engel bringt in Dunkelheit mir Licht. Mein Engel sagt mir: Fürchte dich nicht! Du bist bei Gott aufgehoben.

Eugen Eckert

30. Dienstag **Mache dich auf, hilf uns und erlöse uns um deiner Güte willen!** *Psalm 44,27*

Der Gott aller Gnade aber, der euch berufen hat zu seiner ewigen Herrlichkeit in Christus, der wird euch, die ihr eine kleine Zeit leidet, aufrichten, stärken, kräftigen, gründen. *1. Petrus 5,10*

Wenn sich vor meinen Augen alles drehte, dann war dein Wort ein fester Halt für mich. Du hörtest mich, wenn ich um Hilfe flehte, und Wege aus der Angst fand ich durch dich. Du trugst mich auch, wenn Traurigkeit mich drückte, und wischtest mir die Tränen vom Gesicht. Du warst mein Trost, wenn mir kein Schritt mehr glückte. In meiner Nacht erkannte ich dein Licht.

Theo Lehmann/Jörg Swoboda

1. Mose 16,6b–14   Lukas 14,7–14

OKTOBER

1. Mittwoch Der HERR erweckte den Geist des Volkes, dass sie kamen und arbeiteten am Hause des HERRN Zebaoth, ihres Gottes. *Haggai 1,14*

Jesus spricht: **Ich kenne deine Werke und deine Mühsal und deine Geduld.** *Offenbarung 2,2*

Nicht an der Menge unserer Arbeit hat Gott Freude, sondern an der Liebe, mit der wir arbeiten.
Franz von Sales

Josua 5,13–15   Lukas 14,15–24

2. Donnerstag Kommt her und sehet an die Werke Gottes, der so wunderbar ist in seinem Tun an den Menschenkindern. *Psalm 66,5*

Jesus sprach zu dem Hauptmann: Geh hin; dir geschehe, wie du geglaubt hast. Und sein Knecht wurde gesund zu derselben Stunde. *Matthäus 8,13*

Die ihr arm seid und elende, kommt herbei, füllet frei eures Glaubens Hände. Hier sind alle guten Gaben und das Gold, da ihr sollt euer Herz mit laben.
400,9   Paul Gerhardt

Matthäus 18,10–14   Lukas 14,25–35

3. Freitag Wer glaubt dem, was uns verkündet wurde, und an wem ist der Arm des HERRN offenbart? *Jesaja 53,1*

Maria Magdalena geht und verkündigt den Jüngern: Ich habe den Herrn gesehen, und was er zu ihr gesagt habe. *Johannes 20,18*

Oktober

Daran entscheidet sich heute Gewaltiges, ob wir Christen Kraft genug haben, der Welt zu bezeugen, dass wir keine Träumer und Wolkenwandler sind.
Dietrich Bonhoeffer

Apostelgeschichte 12,1–11   Lukas 15,1–10

4. Samstag   Salomo betete: **Du hast deinem Knecht, meinem Vater David, gehalten, was du ihm zugesagt hast. Mit deinem Mund hast du es geredet, und mit deiner Hand hast du es erfüllt, wie es offenbar ist an diesem Tage.** *1. Könige 8,24*

Treu ist er, der euch ruft.   *1. Thessalonicher 5,24*

Ohn dich wir hätten keinen, der uns hier trägt und hält. Wir aber sind die Deinen vom Anbeginn der Welt. Du bist der grosse Treue im Leben und im Tod. Wir bergen uns aufs Neue in dir, du unser Gott!
BG 881,3   Arno Pötzsch

Apostelgeschichte 27,16–25   Lukas 15,11–32

ERNTEDANKFEST

Aller Augen warten auf dich, und du gibst ihnen ihre Speise zur rechten Zeit. *Psalm 145,15*
Lesungen: Mar. 8,1–9   2. Kor. 9,6–15
5. Mose 8,7–18   Psalm 104
Predigtvorschlag: Jesaja 58,7–12

5. Sonntag   **Es sei Gutes oder Schlechtes – auf die Stimme des Herrn, unseres Gottes, werden wir hören.** *Jeremia 42,6*

Jesus aber antwortete den Jüngern: Gebt ihr ihnen zu essen! *Markus 6,37*

Hilf, dass wir dies Gut der Erden treu verwalten immerfort. Alles soll geheiligt werden durch Gebet und Gottes Wort. Alles, was wir Gutes wirken, ist gesät in deinen Schoss, und du wirst die Ernte senden unaussprechlich reich und gross.
543,6 Heinrich Puchta

6. Montag **Ich glaube aber doch, dass ich sehen werde die Güte des HERRN im Lande der Lebendigen.** *Psalm 27,13*
Das Gebet des Glaubens wird dem Kranken helfen, und der Herr wird ihn aufrichten; und wenn er Sünden getan hat, wird ihm vergeben werden.
Jakobus 5,15
Nur mit Gott und seinem Segen gehst du auf gewissen Wegen. Darum such in allen Dingen dein Gebet vor Gott zu bringen. Und wenn wir bei allen Gaben oft auch viel zu seufzen haben – gut, wenn sich's zum Beten wendet, dass er Stärk und Hilfe sendet.
BG 638,1.3   Johann Amos Comenius/Theodor Gill
Römer 6,19–23   Lukas 16,1–13

7. Dienstag **Ich erkenne, HERR, dass du alles vermagst, und nichts, das du dir vorgenommen, ist dir zu schwer.** *Hiob 42,2*
Bei Gott ist kein Ding unmöglich. *Lukas 1,37*
Herr, ich möchte mich festhalten an deinem Wort, aber meine Hände sind kraftlos geworden. Jetzt muss dein Wort mich festhalten. Antje Sabine Naegeli
Jesaja 38,9–20   Lukas 16,14–18

Oktober 158

8. Mittwoch **Das Verlangen der Elenden hörst du, HERR; du machst ihr Herz gewiss.** *Psalm 10,17*

Und als Jesus an die Stelle kam, sah er auf und sprach zu ihm: Zachäus, steig eilend herunter; denn ich muss heute in deinem Haus einkehren. Und er stieg eilend herunter und nahm ihn auf mit Freuden. *Lukas 19,5–6*

O Herr, in deinen Armen bin ich sicher. Wenn du mich hältst, habe ich nichts zu fürchten. Ich weiss nichts von der Zukunft, aber ich vertraue auf dich. Franz von Assisi

Markus 5,21–24.35–43   Lukas 16,19–31

9. Donnerstag   Der HERR sprach zu Abram: **In dir sollen gesegnet werden alle Geschlechter auf Erden.**
1. Mose 12,1.3

Alle, die aus Glauben leben, werden zusammen mit dem glaubenden Abraham Segen empfangen.
Galater 3,9

Lobe den Herren, was in mir ist, lobe den Namen. Alles, was Odem hat, lobe mit Abrahams Samen. Er ist dein Licht, Seele, vergiss es ja nicht. Lobend beschliesse mit Amen!   BG 38,5   Joachim Neander

Philipper 1,18b–26   Lukas 17,1–10

10. Freitag   **Ich hatte dich gepflanzt als einen edlen Weinstock, ein ganz echtes Gewächs. Wie bist du mir denn geworden zu einem schlechten, wilden Weinstock?** *Jeremia 2,21*

Gott hat das Volk, das er von Anfang an erwählt hatte, nicht verstossen. *Römer 11,2*

Im Prophetenruf hören wir Gott klagen. Durch die Not der Zeit stellt er seine Fragen. Jesus liebt sein Volk. Weh, wenn wir's vergessen! Wer dies Volk nicht ehrt, scheitert selbst-vermessen. Seht der Ölbaum trägt alte neue Zweige, bis vor Gott sich neige endlich alle Welt.
Dieter Trautwein

Offenbarung 2,8–11   Lukas 17,11–19

11. Samstag   HERR, unser Herrscher, wie herrlich ist dein Name in allen Landen. *Psalm 8,2*

Jesus spricht: **Ihr werdet meine Zeugen sein in Jerusalem und in ganz Judäa und Samarien und bis an das Ende der Erde.** *Apostelgeschichte 1,8*

Was nur kann, stimme an: Gottes Name werd erhöht. Lasst euer Loblied wandern von einem Tag zum andern, die Menschen ohn Aufhören von seinem Heil zu lehren. Alle Werke seiner Stärke sagt den Heiden, singt mit Freuden, die ihr seine Wunder seht.
BG 1036,2   Johann Daniel Herrnschmidt/
Günter Balders

Römer 4,18–25   Lukas 17,20–37

---

17. SONNTAG NACH TRINITATIS

Unser Glaube ist der Sieg, der die Welt überwunden hat. *1. Johannes 5,4c*
*Lesungen: Matthäus 15,21–28   Römer 10,9–17(18)
Jesaja 49,1–6   Psalm 5
Predigtvorschlag: Josua 2,1–21*

Oktober

12. Sonntag **Seine Macht ist ewig und vergeht nicht, und sein Reich hat kein Ende.** *Daniel 7,14*

Jesus Christus ist derselbe gestern, heute und in Ewigkeit. *Hebräer 13,8*

Glaubt es doch: Des Höchsten Hände sind mitnichten jetzt zu schwach. Seine Güt hat noch kein Ende, er ist gütig vor wie nach. Jesus Christus ist noch heut, gestern und in Ewigkeit.

BG 357,2   Heinrich Georg Neuß

13. Montag **So spricht der HERR: Dein Schaden ist verzweifelt böse, und deine Wunden sind unheilbar. Doch ich will dich wieder gesund machen und deine Wunden heilen.** *Jeremia 30,12.17*

Ihr wisst: Jesus Christus ist gekommen, um die Sünden wegzunehmen. Er selbst ist ohne Sünde.
1. Johannes 3,5–6

Fürwahr, er trug unsre Krankheit, fürwahr, er trug unsre Schmerzen. Geschlagen, doch ohne Sünde, misshandelt, doch ohne Schuld. Verraten, verlassen, verurteilt, durchbohrt, ein Lamm auf der Schlachtbank: gekreuzigter Gott.

BG 264,2   Eugen Eckert

Hebräer 11,1–7   Lukas 18,1–8

14. Dienstag **Du hast meine Seele vom Tode errettet, mein Auge von den Tränen, meinen Fuss vom Gleiten.** *Psalm 116,8*

Eine Frau hatte den Blutfluss seit zwölf Jahren; die hatte alles, was sie zum Leben hatte, für die Ärzte aufgewandt und konnte von niemandem geheilt werden. Die trat von hinten heran und berührte den Saum seines Gewandes; und sogleich hörte ihr Blutfluss auf. *Lukas 8,43–44*

Gott, du bist unser Trost und Licht in Angst, Not, Tod und Grauen. Wo blieben wir, gäbst du uns nicht ins Herz das grosse Trauen! *Arno Pötzsch*

1. Mose 15,1–6   Lukas 18,9–17

15. Mittwoch   **Ihr sollt in Freuden ausziehen und im Frieden geleitet werden.** *Jesaja 55,12*

Die 72 Jünger kehrten zurück und berichteten voller Freude: Herr, sogar die Dämonen gehorchen uns, wenn wir uns auf deinen Namen berufen. Jesus sagte zu ihnen: Ihr sollt euch nicht darüber freuen, dass euch die Geister gehorchen. Freut euch vielmehr darüber, dass eure Namen im Himmel aufgeschrieben sind. *Lukas 10,17.18.20*

Bau dein Reich in dieser Zeit, setz auch uns zu seinen Zeichen. Bau es für die Ewigkeit, lass uns, bis wir sie erreichen, fröhlich deinen Namen tragen und auf ihn das Leben wagen. *Detlev Block*

Lukas 7,1–10   Lukas 18,18–30

16. Donnerstag   **Fürchte dich nicht, denn ich bin mit dir und will dich segnen.** *1. Mose 26,24*

Gelobt sei Gott, der Vater unseres Herrn Jesus Christus, der uns gesegnet hat mit allem geistlichen Segen im Himmel durch Christus. *Epheser 1,3*

Oktober

Lass mich in neue Tage gehn, getrost, was ich auch wag. Lass meine Seele auf dich sehn, schaun deines Heilands Rat, der meine Tage segnen wird, wie's deiner Ehr gebührt, der seine Lieb ins Herz mir gibt und wahrlich treu mich führt.   Artur Müller

Apostelgeschichte 5,34–42   Hesekiel 1,1–21

17. Freitag **Ich lasse dich nicht, du segnest mich denn.**   *1. Mose 32,27*

Da wurden Kinder zu Jesus gebracht, dass er die Hände auf sie legte und betete.   *Matthäus 19,13*

Jedes Kind ist ein Engel, der uns heiligen soll.
    Jeremias Gotthelf

Hebräer 12,1–3   Hesekiel 1,22–28

18. Samstag **Bei dir, Herr, unser Gott, ist Barmherzigkeit und Vergebung.**   *Daniel 9,9*

In Jesus Christus haben wir die Erlösung durch sein Blut, die Vergebung der Sünden, nach dem Reichtum seiner Gnade.   *Epheser 1,7*

Er ist barmherzig und sehr gut den Armen und Elenden, die sich von allem Übermut zu seiner Wahrheit wenden; er nimmt sie als ein Vater auf und gibt, dass sie den rechten Lauf zur Seligkeit vollenden.
BG 687,3   Michael Weiße

Matthäus 14,22–33   Hesekiel 2,1–3,3

18. SONNTAG NACH TRINITATIS

Dies Gebot haben wir von ihm, dass, wer Gott liebt, dass der auch seinen Bruder liebe. *1. Johannes 4,21*
Lesungen: Markus 10,17–27   Epheser 5,15–20
2. Mose 20,1–17   Psalm 1
Predigtvorschlag: Jakobus 2,14–26

19. Sonntag   **Gott, schweige doch nicht! Gott, bleib nicht so still und ruhig! Denn siehe, deine Feinde toben, und die dich hassen, erheben das Haupt.**
Psalm 83,2–3

Herr, sollen wir mit dem Schwert dreinschlagen?
Lukas 22,49

Wann immer das Leid und die Last uns zu schwer, dann schenk neuen Mut und sende uns, Herr. Die Botschaft der Gnade, sie gilt Jung und Alt: Wählt Leben und Frieden statt Tod und Gewalt!
BG 92,6   Fred Kaan/Ulrich Meisel

20. Montag   **Seine Herrschaft wird sein von einem Meer bis zum andern und bis an die Enden der Erde.** *Sacharja 9,10*

Wiederum führte der Teufel Jesus mit sich auf einen sehr hohen Berg und zeigte ihm alle Reiche der Welt und ihre Herrlichkeit und sprach zu ihm: Das alles will ich dir geben, wenn du niederfällst und mich anbetest. Da sprach Jesus zu ihm: Weg mit dir, Satan! *Matthäus 4,8–10*

Oktober

Dein Reich ist nicht von dieser Erden, doch aller Erde Reiche werden dem, das du gründest, untertan. Bewaffnet mit des Glaubens Worten zieht deine Schar nach den vier Orten der Welt hinaus und macht dir Bahn. 371,1 Friedrich Rückert

1. Thessalonicher 4,9–12   Hesekiel 3,4–11

21. Dienstag Abram zog aus, wie der HERR zu ihm gesagt hatte. *1. Mose 12,4*

So hat Gott auch uns berufen, nicht allein aus den Juden, sondern auch aus den Heiden. *Römer 9,24*

Vertraut den neuen Wegen, auf die uns Gott gesandt. Er selbst kommt uns entgegen. Die Zukunft ist sein Land. Wer aufbricht, der kann hoffen in Zeit und Ewigkeit. Die Tore stehen offen. Das Land ist hell und weit. 843,3 Klaus Peter Hertzsch

Galater 5,13–18   Hesekiel 3,12–21

22. Mittwoch So spricht der HERR: Gleichwie ich über dies Volk all dies grosse Unheil habe kommen lassen, so will ich auch alles Gute über sie kommen lassen, das ich ihnen zugesagt habe. *Jeremia 32,42*

Unsre Hoffnung steht fest für euch, weil wir wissen: Wie ihr an den Leiden teilhabt, so habt ihr auch am Trost teil. *2. Korinther 1,7*

Wenn du in Angst und Not bist und dein Herz voller Traurigkeit ist, möge Gott dir in einem Menschen begegnen, der dir hilft, deine Wunden heilen zu lassen, und der um Rat und Tröstung weiss. Christa Spilling-Nöker

Hoheslied 8,4–7   Hesekiel 3,22–27

Oktober

23. Donnerstag **Bringt eine Mutter es fertig, ihren Säugling zu vergessen? Hat sie nicht Mitleid mit dem Kind, das sie in ihrem Leib getragen hat? Und selbst wenn sie es vergessen könnte, ich vergesse euch nicht!** *Jesaja 49,15*

Gott ist Liebe. *1. Johannes 4,8*

Lieber Gott, du bist so gross, und ich lieg in deinem Schoss wie im Mutterschoss ein Kind; Liebe deckt und birgt mich lind. 535,5 Arno Pötzsch

Markus 3,31–35   Hesekiel 7,1–13.27

24. Freitag **Es gibt eine Hoffnung für deine Zukunft, spricht der H**ERR**.** *Jeremia 31,17*

Gott wollte in den kommenden Zeiten den überwältigenden Reichtum seiner Gnade zeigen durch die Güte, die er uns erweist in Christus Jesus. *Epheser 2,7*

Gnade suchen, Gnade finden – vor dem Herrn. Sich suchen lassen, sich finden lassen – von dem Herrn. Zukunft suchen, Zukunft finden – in dem Herrn.

Xandi Bischoff

Römer (14,20b–15,1)15,2–6   Hesekiel 8,1–11

25. Samstag **Ihr sollt Brot die Fülle haben und sollt sicher in eurem Lande wohnen.** *3. Mose 26,5*

Gottes Brot ist dasjenige, das vom Himmel herabkommt und der Welt Leben gibt. *Johannes 6,33*

Im Brot und Wein enthüllst du dein Gesicht. In dem, was wir gesät auf unserm Feld, kommt Christus, deine Liebe, in die Welt. Du lässt dein pilgernd Volk verhungern nicht. BG 53,3 Joachim Vobbe

Matthäus 5,17–20   Hesekiel 8,12–18

Oktober

19. SONNTAG NACH TRINITATIS

Heile du mich, HERR, so werde ich heil; hilf du mir, so ist mir geholfen. *Jeremia 17,14*
Lesungen: Markus 2,1–12   Jakob 5,13–16
2. Mose 34,4–10   Psalm 32
Predigtvorschlag: Johannes 5,1–16

---

26. Sonntag   **Weigere dich nicht, dem Bedürftigen Gutes zu tun, wenn deine Hand es vermag.**
Sprüche 3,27

Wenn in eure Versammlung ein Mann kommt mit einem goldenen Ring und in herrlicher Kleidung, es kommt aber auch ein Armer in unsauberer Kleidung, und ihr seht auf den, der herrlich gekleidet ist, und sprecht zu ihm: Setz du dich hierher auf den guten Platz!, und sprecht zu dem Armen: Stell du dich dorthin!, oder: Setz dich unten zu meinen Füssen!, macht ihr dann nicht Unterschiede unter euch und urteilt mit bösen Gedanken?   *Jakobus 2,2–4*

Gott hat die Armut nicht erschaffen. Er erschuf nur uns.   Mutter Teresa

27. Montag   **Aller Augen warten auf dich, und du gibst ihnen ihre Speise zur rechten Zeit. Du tust deine Hand auf und sättigst alles, was lebt, mit Wohlgefallen.**   *Psalm 145,15–16*

Johannes der Täufer sprach: **Wer zwei Hemden hat, der gebe dem, der keines hat; und wer Speise hat, tue ebenso.**   *Lukas 3,11*

Wer Nahrung hat und isst sich satt, geb dem, der Mangel und Hunger hat. Und wer sich kleid't und hat Ge-

mach, teil mit dem Nächsten Kleid und Dach und denk, dass jener andre ist sein armer Bruder Jesus Christ.
Arno Pötzsch

2. Mose 15,22–27   Hesekiel 11,14–25

28. Dienstag **Wer zugrunde gehen soll, der wird zuvor stolz; und Hochmut kommt vor dem Fall.**
Sprüche 16,18

Jesus sprach: Was aus dem Menschen herauskommt, das macht den Menschen unrein. *Markus 7,20*

Lass unsre Liebe ohne Wanken, die Treue lass beständig sein. Halt uns in Worten und Gedanken von Zorn, Betrug und Lüge rein. Lass uns doch füreinander stehn, gib Augen, andrer Last zu sehn.
BG 899,2   Walter Heinecke

Lukas 5,12–16   Hesekiel 12,1–16

29. Mittwoch   Der HERR spricht: **Werdet ihr meiner Stimme gehorchen und meinen Bund halten, so sollt ihr mein Eigentum sein vor allen Völkern; denn die ganze Erde ist mein.** *2. Mose 19,5*

Jesus spricht: **Wenn ihr meine Gebote haltet, bleibt ihr in meiner Liebe, so wie ich meines Vaters Gebote gehalten habe und bleibe in seiner Liebe.** *Joh. 15,10*

Gott, wie dein Nam ist auch dein Ruhm. Du wollst dich so beweisen, dass wir dich als dein Eigentum mit Wort und Wandel preisen. Wir sind von Herzen drauf bedacht, nach deinem Sinn zu handeln; ach hab in Gnaden auf uns Acht, dass wir dir würdig wandeln.
BG 525,2   Anna Nitschmann

Johannes 9,1–7   Hesekiel 16,1–22

Oktober

30. Donnerstag **Wende dich, HERR, und errette meine Seele, hilf mir um deiner Güte willen!**
Psalm 6,5

Gott tröstet uns in aller unserer Bedrängnis, damit wir auch trösten können, die in allerlei Bedrängnis sind, mit dem Trost, mit dem wir selber getröstet werden von Gott. *2. Korinther 1,4*

Wenn alle anderen Hilfen versagen, erkennst du besser, wie wichtig die Liebe Gottes ist.

Johnson Gnanabaranam

Jeremia 17,14–17   Hesekiel 17,1–10

31. Freitag **Wie könnt ihr rechten mit mir? Ihr seid alle von mir abgefallen, spricht der HERR.**
Jeremia 2,29

Es ist hier kein Unterschied: Sie sind allesamt Sünder und ermangeln des Ruhmes, den sie vor Gott haben sollen, und werden ohne Verdienst gerecht aus seiner Gnade durch die Erlösung, die durch Christus Jesus geschehen ist. *Römer 3,22–24*

Es ist das Heil uns kommen her von Gnad und lauter Güten; die Werke helfen nimmermehr, sie mögen nicht behüten. Der Glaub sieht Jesus Christum an, der hat für uns genug getan, er ist der Mittler worden.
274,1   Paul Speratus

2. Korinther 5,11–15   Hesekiel 17,11–24

NOVEMBER

1. Samstag **Wenn ich schaue allein auf deine Gebote, so werde ich nicht zuschanden.** *Psalm 119,6*

Jesus spricht: **Das aber auf dem guten Land sind die, die das Wort hören und behalten in einem feinen, guten Herzen und bringen Frucht in Geduld.**
Lukas 8,15

Dass dein Wort in meinem Herzen starke Wurzeln schlägt und dein Geist in meinem Leben gute Früchte trägt, deine Kraft durch mich die Welt zu deinem Ziel bewegt, Herr, du kannst dies Wunder tun.
Theo Lehmann/Jörg Swoboda

Lukas 13,10–17   Hesekiel 18,1–3.20–32

---

20. SONNTAG NACH TRINITATIS

Es ist dir gesagt, Mensch, was gut ist und was der HERR von dir fordert: nichts als Gottes Wort halten und Liebe üben und demütig sein vor deinem Gott.
Micha 6,8

Lesungen: Markus 10,2–9(10–12)13–16
2. Korinther 3,3–6(7–9)   Psalm 62
Predigtvorschlag: 1. Mose 8,18–22; 9,12–17

---

2. Sonntag **Es sollen viele Völker sich zum HERRN wenden und sollen mein Volk sein.** *Sacharja 2,15*

Gott wird bei ihnen wohnen, und sie werden seine Völker sein, und er selbst, Gott mit ihnen, wird ihr Gott sein. *Offenbarung 21,3*

November 170

Gottes Segen komme zu allen Menschen und bleibe bei ihnen, in jedem Land und in jeder Sprache. Gott komme allen, die ihn suchen, gnädig entgegen. Er tröste alle, die leiden und trauern. Gott eile, zu uns zu kommen. Er segne uns mit dem Segen seines Friedens.
Ökumenischer Rat der Kirchen

3. Montag **Siehe, auch jetzt noch ist mein Zeuge im Himmel, und mein Fürsprecher ist in der Höhe.**
Hiob 16,19

Weil wir denn einen grossen Hohenpriester haben, Jesus, den Sohn Gottes, der die Himmel durchschritten hat, so lasst uns festhalten an dem Bekenntnis. *Hebräer 4,14*

Ihm ist nichts zu viel und nichts zu wenig, was man braucht, warum man weint. Er ist unser Hirte, Haupt und König, Schöpfer, Bruder, Herr und Freund, Hilf und Rat und Trost und Fried und Freude, Schutz und Habe, Leben, Licht und Weide, Hoherpriester, Opferlamm, unser Gott und Bräutigam.
BG 117,2 Christian Gregor

2. Thessalonicher 3,6–13   Hesekiel 22,1–16

4. Dienstag **Ich werde wandeln vor dem HERRN im Lande der Lebendigen.** *Psalm 116,9*

Betrachtet euch als solche, die für die Sünde tot, für Gott aber lebendig sind, in Christus Jesus. *Römer 6,11*

Mein Gott, schenke mir dieses Kreuz: unter den Menschen zu bleiben als ihr Freund. Ladislaus Boros

Römer 13,1–7   Hesekiel 24,1–14

5. Mittwoch **Lasst uns unsere Wege prüfen und erforschen, und lasst uns zurückkehren zum HERRN!** *Klagelieder 3,40*

Ich bete darum, dass eure Liebe immer noch reicher werde an Erkenntnis und aller Erfahrung, sodass ihr prüfen könnt, was das Beste sei, damit ihr lauter und unanstössig seid für den Tag Christi.
Philipper 1,9–10

Dein Wort, das ist geschehen; ich kann das Licht noch sehen. Von Not bin ich befreit, dein Schutz hat mich erneuet. Sprich Ja zu meinen Taten, hilf selbst das Beste raten; den Anfang, Mitt und Ende, ach Herr, zum Besten wende.   568,4.8   Paul Gerhardt

Epheser 5,25–32   Hesekiel 24,15–27

6. Donnerstag **Um meines Namens willen halte ich meinen Zorn zurück, und um meines Ruhmes willen bezähme ich mich zu deinen Gunsten, dass ich dich nicht ausrotte.** *Jesaja 48,9*

Der Engel sprach zu Josef: **Maria wird einen Sohn gebären, dem sollst du den Namen Jesus geben, denn er wird sein Volk retten von ihren Sünden.**
Matthäus 1,21

Sucht ihr den Freund, den Retter, den Heiland? Er ist da! Der Herr kommt nicht im Wetter, im Kindlein ist er nah. Lobsingt dem Menschgebornen mit aller Himmel Heer! Ja, freut euch, ihr Verlornen, ihr Sünder, zagt nicht mehr!   BG 167   Karl Bernhard Garve

1. Korinther 14,26–33   Hesekiel 33,21–33

7. Freitag

Lass deiner sich freuen und fröhlich sein alle, die nach dir fragen. *Psalm 40,17*

Gelobt sei, der da kommt, der König, in dem Namen des Herrn! Friede sei im Himmel und Ehre in der Höhe! *Lukas 19,38*

Um Gott zu loben. Muss man leben, und um zu leben, muss man das Leben lieben – trotz allem. Elie Wiesel

Johannes 18,28–32   Hesekiel 34,1–16

8. Samstag

Die Blinden will ich auf dem Wege leiten, den sie nicht wissen; ich will sie führen auf den Steigen, die sie nicht kennen. *Jesaja 42,16*

Jesus sprach: Ich bin das Licht der Welt. Wer mir nachfolgt, der wird nicht wandeln in der Finsternis, sondern wird das Licht des Lebens haben.
Johannes 8,12

Treib aus, o Licht, all Finsternis, behüt uns, Herr, vor Ärgernis, vor Blindheit und vor aller Schand und reich uns Tag und Nacht dein Hand, zu wandeln als am lichten Tag, damit, was immer sich zutrag, wir stehn im Glauben bis ans End und bleiben von dir ungetrennt.
BG 792,3–4   Johannes Zwick

Sprüche 3,1–8   Hesekiel 34,23–31

November

Beginn der Ökumenischen Friedensdekade

DRITTLETZTER SONNTAG DES KIRCHENJAHRES

Selig sind, die Frieden stiften; denn sie werden Gottes Kinder heissen. *Matthäus 5,9*
Lesungen: Lukas 17,20–24(25–30)   Römer 8,18–25
Micha 4,1–5(7b)   Psalm 69,1–16
Predigtvorschlag: Lukas 6,27–38

9. Sonntag **So hütet euch nun, dass ihr den Bund des HERRN, eures Gottes, nicht vergesst, den er mit euch geschlossen hat, und nicht ein Bildnis macht von irgendeiner Gestalt, wie es der HERR, dein Gott, geboten hat.** *5. Mose 4,23*

Gottes unsichtbares Wesen – das ist seine ewige Kraft und Gottheit – wird seit der Schöpfung der Welt, wenn man es mit Vernunft wahrnimmt, an seinen Werken ersehen. *Römer 1,20*

Liebet die ganze Schöpfung Gottes! Sowohl den ganzen Erdball, wie auch das kleinste Sandkorn. Jedes Blättchen liebet, und jeden Sonnenstrahl! Liebet alle Dinge! Wenn ihr das tut, so werden sich euch in ihnen die Geheimnisse Gottes offenbaren.

Fjodor M. Dostojewskij

10. Montag **Warum willst du mit Gott hadern, weil er auf Menschenworte nicht Antwort gibt? Denn auf eine Weise redet Gott und auf eine zweite; nur beachtet man's nicht.** *Hiob 33,13–14*

Wer Ohren hat, der höre, was der Geist den Gemeinden sagt! *Offenbarung 2,7*

November 174

Als mein Gebet immer andächtiger und innerlicher wurde, da hatte ich immer weniger und weniger zu sagen. Zuletzt wurde ich ganz still. Ich wurde, was womöglich noch ein grösserer Gegensatz zum Reden ist, ich wurde ein Hörer. Ich meinte erst, Beten sei Reden, ich lernte aber, dass Beten nicht bloss Schweigen ist, sondern Hören. Sören Kierkegaard

1. Mose 33,1–4(5–7)8–11   Hesekiel 36,16–32

11. Dienstag   **Fürchte dich nicht und verzage nicht!**
Josua 8,1
Da berührte Jesus ihre Augen und sprach: Euch geschehe nach eurem Glauben! Und ihre Augen wurden geöffnet. *Matthäus 9,29–30*
Lass unter uns die Hoffnung nicht zu einer verschwommenen Zukunft werden. Hoffnung macht stark. Wir leben doch schon jetzt davon. Du Erhoffter bist schon unter uns. Heinrich Giesen

Jesaja 57,17–19(20.21)   Hesekiel 37,1–14

12. Mittwoch   **Ihr sollt richten ohne Ansehen der Person, den Kleinen sollt ihr anhören wie den Grossen, und ihr sollt euch vor niemandem fürchten, denn es ist Gottes Gericht.** *5. Mose 1,17*
Wenn ihr aber nach dem Ansehen der Person urteilt, dann begeht ihr eine Sünde und werdet überführt vom Gesetz als seine Übertreter. *Jakobus 2,9*

Wo man Unrecht bekämpft, ist der Ort der Gemeinde, die sich nach Christus nennt. Wie er soll sie sprechen für Recht und zerbrechen die Herrschaft der Klassen, die Allmacht der Kassen, den Dünkel der Rassen, den Stumpfsinn der Massen. Wo Gerechtigkeit wird, hat das Elend ein Ende, da wird die Erde neu.

Lothar Zenetti

Sacharja 8,11–17   Hesekiel 37,15–28

13. Donnerstag **HERR, ich freue mich über deine Hilfe.** *1. Samuel 2,1*

Gott sei Dank, der uns den Sieg gibt durch unsern Herrn Jesus Christus! *1. Korinther 15,57*

Du allein sollst Meister sein; gib uns nur rechten Schülersinn, leis' Gehör für deine Lehr, lenk unsern Willen zu dir hin. Wir sind dein und wolln allein dir in allem folgsam sein, hangen an des Meisters Mund, treu bewahren deinen Bund.

BG 513,2   Karl Bernhard Garve

Lukas 9,51–56   Hesekiel 40,1–16

13. November 1741: Alle Brüdergemeinen ehren Jesus Christus als Haupt und Ältesten seiner Gemeinde

14. Freitag **Wie ein Adler ausführt seine Jungen und über ihnen schwebt, so breitete der HERR seine Fittiche aus und nahm sein Volk und trug es auf seinen Flügeln.** *5. Mose 32,11*

November

Jesus spricht: **Mein Vater, der sie mir anvertraut hat, ist mächtiger als alle. Niemand kann sie aus seiner Hand reissen.** *Johannes 10,29*

Der, der für uns ist, ist grösser als alle, die gegen uns sein könnten. James Hudson Taylor

Johannes 18,10.11   Hesekiel 42,15–43,12

15. Samstag   **Fülle uns frühe mit deiner Gnade, so wollen wir rühmen und fröhlich sein unser Leben lang.** *Psalm 90,14*

Das Ziel der Unterweisung ist Liebe aus reinem Herzen und aus gutem Gewissen und aus ungeheucheltem Glauben. *1. Timotheus 1,5*

Lass deines guten Geistes Licht und dein hell glänzend Angesicht erleuchten mein Herz und Gemüt, o Brunnen unerschöpfter Güt. So will ich deines Namens Ruhm ausbreiten als dein Eigentum und dieses achten für Gewinn, wenn ich nur dir ergeben bin.
BG 716,3.5   Heinrich Georg Neuss

1. Petrus 3,8–17   Hesekiel 47,1–12

VORLETZTER SONNTAG DES KIRCHENJAHRES

Wir müssen alle offenbar werden vor dem Richterstuhl Christi.   *2. Korinther 5,10a*
*Lesungen: Matthäus 25,31–46   Römer 14,(1–6)7–13
Psalm 69,17–37
Predigtvorschlag: Hiob 14,1–6(7–12)13(14)15–17*

November

16. Sonntag Der HERR **sah ihre Not an, als er ihre Klage hörte, und gedachte um ihretwillen an seinen Bund.** *Psalm 106,44–45*

Und sie steinigten Stephanus; der rief den Herrn an und sprach: Herr Jesus, nimm meinen Geist auf!
Apostelgeschichte 7,59

Bruder Christus, abgrundtief hast du für die Welt gelitten, einsam in der Hölle Mitten, bis dich Gott ins Leben rief. Du bist Gottes Angesicht. Nur um deiner Liebe willen will ich meine Klagen stillen, Bruder Christus, Trost und Licht!
BG 946,3   Jörg Zink

17. Montag **Die Wege des HERRN sind lauter Güte und Treue für alle, die seinen Bund und seine Zeugnisse halten.** *Psalm 25,10*

Jesus spricht: **Selig seid ihr, wenn euch die Menschen um meinetwillen schmähen und verfolgen und allerlei Böses gegen euch reden und dabei lügen. Seid fröhlich und jubelt; es wird euch im Himmel reichlich belohnt werden.** *Matthäus 5,11–12*

Herr, du bist Gott! In deine Hand o lass getrost uns fallen. Wie du geholfen unserm Land, so hilfst du fort noch allen, die dir vertraun und deinem Bund und freudig dir von Herzensgrund ihr Loblied lassen schallen.
BG 532,3   Friedrich Oser

Matthäus 25,14–20   1. Thessalonicher 1,1–10

November 178

18. Dienstag   **Der HERR ist ein Schild allen, die ihm vertrauen.** *Psalm 18,31*

Wo keine Hoffnung war, hat Abraham auf Hoffnung hin geglaubt, auf dass er der Vater vieler Völker werde. *Römer 4,18*

Es kann keiner zu Gottes Wegen Ja sagen, der zu seinen Verheissungen und Geboten Nein sagt.

Dietrich Bonhoeffer

Jeremia 8,4–9   1. Thessalonicher 2,1–12

19. Mittwoch   **Weh denen, die Unheil planen, weil sie die Macht haben!** *Micha 2,1*

Jesus rief die Jünger zu sich und sprach: Ihr wisst, dass die Herrscher ihre Völker niederhalten und die Mächtigen ihnen Gewalt antun. So soll es nicht sein unter euch. *Matthäus 20,25–26*

Du Gott der Gerechtigkeit und des Friedens. Du stehst bei den Armen und Unterdrückten. Du forderst uns auf, Stimme derer zu sein, die nicht sprechen können oder dürfen. Wir rufen dich an für alle Menschen auf Erden, die unter Ungerechtigkeit und Krieg zu leiden haben. Kyrie eleison. Herr, erbarme dich.

Ökumenisches Gebet

2. Petrus 2,1–11   1. Thessalonicher 2,13–20

20. Donnerstag   **Gott der HERR machte den Menschen aus Staub von der Erde und blies ihm den Odem des Lebens in seine Nase. Und so ward der Mensch ein lebendiges Wesen.** *1. Mose 2,7*

Nicht mehr ich lebe, sondern Christus lebt in mir; sofern ich jetzt noch im Fleisch lebe, lebe ich im Glauben an den Sohn Gottes, der mich geliebt und sich für mich hingegeben hat. *Galater 2,20*

Herr Christ, dein bin ich Eigen von Anbeginn der Welt, dein Güte zu erzeigen, hast du mich auserwählt und mich auch lassen nennen nach deinem Namen wert; den will ich auch bekennen forthin auf dieser Erd.
BG 894,1 Christiana Cunrad

2. Thessalonicher 1,3–12   1. Thessalonicher 3,1–13

21. Freitag   **HERR, du bist Gott, und deine Worte sind Wahrheit.** *2. Samuel 7,28*

Wenn ihr bleiben werdet an meinem Wort, so seid ihr wahrhaftig meine Jünger und werdet die Wahrheit erkennen, und die Wahrheit wird euch frei machen. *Johannes 8,31–32*

Herr, lass deine Wahrheit uns vor Augen stehn. Lass in deiner Klarheit Lug und Trug vergehn. Liebe uns erfülle; lenke Herz und Hand, weil dein Liebeswille alle Welt umspannt.   824,1.4   Liselotte Corbach

Hebräer 13,17–21   1. Thessalonicher 4,1–12

22. Samstag   **Ich bin gnädig, spricht der HERR, und will nicht ewiglich zürnen. Allein erkenne deine Schuld, dass du wider den HERRN, deinen Gott, gesündigt hast.** *Jeremia 3,12–13*

Vergib uns unsere Schuld, wie auch wir vergeben haben jenen, die an uns schuldig geworden sind.
Matthäus 6,12

November 180

Lehr uns, einander zu vergeben, wie du in Christus uns getan. Herr, gib uns teil an deinem Leben, dass nichts von dir uns scheiden kann. Mach uns zu deinem Lob bereit, heut, morgen und in Ewigkeit.
BG 899,3 Walter Heinecke
2. Petrus 3,(13)14–18   1. Thessalonicher 4,13–18

LETZTER SONNTAG DES KIRCHENJAHRES
EWIGKEITSSONNTAG

Lasst eure Lenden umgürtet sein und eure Lichter brennen. *Lukas 12,35*
Lesungen: Offenbarung 21,1–7
Jesaja 65,17–19(20–22)23–25   Psalm 110
Predigtvorschlag: Matthäus 25,1–13

---

23. Sonntag   **Der HERR spricht: Ich habe dich zum Licht der Völker gemacht, dass mein Heil reiche bis an die Enden der Erde.** *Jesaja 49,6*

Paulus sah eine Erscheinung bei Nacht: Ein Mann aus Makedonien stand da und bat ihn: Komm herüber nach Makedonien und hilf uns! Als er aber die Erscheinung gesehen hatte, da suchten wir sogleich nach Makedonien zu reisen, gewiss, dass uns Gott dahin berufen hatte, ihnen das Evangelium zu predigen. *Apostelgeschichte 16,9–10*

Überall, überall lass bis an der Welten Rand, lass durch jeden Kreis der Erden deinen Namen hell erkannt, deine Kraft verherrlicht werden, bis du als der Völker Friedefürst herrschen wirst.
BG 998,3 Karl Bernhard Garve

November

24. Montag König Nebukadnezar sprach: **Es gefällt mir, die Zeichen und Wunder zu verkünden, die der höchste Gott an mir getan hat.** *Daniel 3,32*

Jesus sprach: **Wer nicht gegen uns ist, der ist für uns.** *Markus 9,40*

Wenn Jesus anderen sich zeigt, sich hier und dort verklärt, so freu dich der Barmherzigkeit, die ihnen widerfährt.
BG 408,3 Nikolaus Ludwig von Zinzendorf
Hebräer 12,18–25   1. Thessalonicher 5,1–11

25. Dienstag   Der HERR wird's vollenden um meinetwillen. *Psalm 138,8*

Nachdem Jesus nun das Ziel erreicht hat, ist er für alle, die ihm gehorchen, zum Begründer ihrer endgültigen Rettung geworden. *Hebräer 5,9*

Du wirst dein herrlich Werk vollenden, der du der Welten Heil und Richter bist. Du wirst der Menschheit Jammer wenden, so dunkel jetzt dein Weg, o Heilger, ist. Drum hört der Glaub nie auf, zu dir zu flehn; du tust doch über Bitten und Verstehn.
797,7 Albert Knapp
Jesaja 35,8–10   1. Thessalonicher 5,12–28

26. Mittwoch   HERR, deine Ratschlüsse von alters her sind treu und wahrhaftig. *Jesaja 25,1*

Lasst uns festhalten an dem Bekenntnis der Hoffnung und nicht wanken; denn er ist treu, der sie verheissen hat. *Hebräer 10,23*

November 182

Der Geist des Herrn erweckt den Geist in Sehern und Propheten, der das Erbarmen Gottes weist und Heil in tiefsten Nöten. Seht, aus der Nacht Verheissung blüht; die Hoffnung hebt sich wie ein Lied und jubelt: Halleluja.
BG 380,2 Maria Luise Thurmair
1. Korinther 3,9–15   2. Thessalonicher 1,1–12

27. Donnerstag   Gott spricht: **Als du mich in der Not anriefst, half ich dir heraus.** *Psalm 81,8*
Als Petrus den starken Wind sah, erschrak er und begann zu sinken und schrie: Herr, rette mich! Jesus aber streckte sogleich die Hand aus und ergriff ihn. *Matthäus 14,30–31*
Wenn wir in höchsten Nöten sein und wissen nicht, wo aus noch ein, und finden weder Hilf noch Rat, ob wir gleich sorgen früh und spat, so ist dies unser Trost allein, dass wir zusammen insgemein dich anrufen, o treuer Gott, um Rettung aus der Angst und Not.
204,1–2 Paul Eber
Hebräer 13,1–9   2. Thessalonicher 2,1–12

28. Freitag   **Wie der neue Himmel und die neue Erde, die ich mache, vor mir Bestand haben, spricht der H****ERR****, so soll auch euer Geschlecht und Name Bestand haben.** *Jesaja 66,22*
Nathanael antwortete Jesus: Rabbi, du bist Gottes Sohn, du bist der König von Israel! *Johannes 1,49*

Das Volk, das noch im Finstern wandelt, bald sieht es Licht, ein grosses Licht. Heb in den Himmel dein Gesicht und steh und lausche, weil Gott handelt. Dann wird die arme Erde allen ein Land voll Milch und Honig sein. Das Kind zieht als ein König ein, und Davids Thron wird niemals fallen.
375,1.7   Jan Willem Schulte Nordholt/Jürgen Henkys
Hebräer 13,10–16   2. Thessalonicher 2,13–17

29. Samstag   Ein Tag in deinen Vorhöfen ist besser als sonst tausend. *Psalm 84,11*
Jesus sagte zu seinen Eltern: Warum habt ihr mich gesucht? Wusstet ihr nicht, dass ich im Haus meines Vaters sein muss? *Lukas 2,49*
In deinem Haus hör ich gern, Vater, was du zu sagen hast. Auch das will ich hören, Vater, was mir nicht passt. In deinem Haus will ich bleiben, Vater, füll du mich völlig aus, dann kann mich nichts vertreiben, Vater, aus deinem Haus. Ich gebe dir mein Leben, die Sorgen und das Glück. Willst du mir's wiedergeben, behalt, was dir an mir missfällt, zurück.   Manfred Siebald
Offenbarung 21,10–14.21–27   2. Thessalonicher 3,1–18

Beginn des neuen Kirchenjahres

1. SONNTAG IM ADVENT
Siehe, dein König kommt zu dir, ein Gerechter und ein Helfer.   *Sacharja 9,9b*
Lesungen: Matthäus 21,1–11   Sacharja 9,9–10
Psalm 24
Predigtvorschlag: Römer 13,8–12

30. Sonntag **Es wird keiner den andern noch ein Bruder den andern lehren und sagen: «Erkenne den HERRN», denn sie sollen mich alle erkennen, beide, Klein und Gross, spricht der HERR.**
Jeremia 31,34

Als aber die Hohenpriester und Schriftgelehrten die Wunder sahen, die Jesus tat, und die Kinder, die im Tempel schrien und sagten: Hosianna dem Sohn Davids!, entrüsteten sie sich und sprachen zu ihm: Hörst du auch, was diese sagen? Jesus sprach zu ihnen: Ja! Habt ihr nie gelesen: Aus dem Munde der Unmündigen und Säuglinge hast du dir Lob bereitet?
Matthäus 21,15–16

Welch göttlich holdes Gnadenjahr eröffnet sich der Erde! Komm, komm, dass aller Völker Schar durch dich gesegnet werde. Dir weicht der Fluch, der Irrtum flieht, Gerechtigkeit und Friede blüht. Komm, höre laut von allen Hosiannajubel schallen!
BG 155,3   Karl Bernhard Garve

DEZEMBER

1. Montag **Sende dein Licht und deine Wahrheit, dass sie mich leiten zu deiner Wohnung.**
Psalm 43,3

Simeon sprach: **Herr, nun lässt du deinen Diener in Frieden fahren, wie du gesagt hast; denn meine Augen haben deinen Heiland gesehen, das Heil, das du bereitet hast vor allen Völkern, ein Licht zur Erleuchtung der Heiden und zum Preis deines Volkes Israel.** *Lukas 2,29–32*

Du, Gott, bist mir begegnet, dein Heil gilt aller Welt.
Du hast mich reich gesegnet, in deinen Dienst gestellt.
Drum darf getrost ich gehen aus dieser Welt und Zeit.
Ich werde dich jetzt sehen in alle Ewigkeit.
105,2–3   Hans Hauzenberger

1. Petrus 1,(8.9)10–13   Sacharja 1,1–6

2. Dienstag **Bekehre du mich, so will ich mich bekehren; denn du, HERR, bist mein Gott!**
Jeremia 31,18

Paulus sprach: **Wir predigen euch das Evangelium, dass ihr euch bekehren sollt von diesen nichtigen Göttern zu dem lebendigen Gott, der Himmel und Erde und das Meer und alles, was darin ist, gemacht hat.** *Apostelgeschichte 14,15*

Dezember 186

Gott, du kennst uns besser, als wir uns selbst kennen – du weisst, wer ich bin und was ich tue. Hilf mir in dieser Zeit der Vorbereitung im Advent, einen Frühjahrsputz in meinem Leben zu machen. Hilf mir, meine Beziehungen zu vertiefen und zu festigen: zu dir, zu anderen, zu mir selbst. Nimm mich bei der Hand und leite mich auf der Reise. Iona Community

Hebräer 10,32–39   Sacharja 1,7–17

3. Mittwoch   **Wollte Gott, dass alle im Volk des HERRN Propheten wären und der HERR seinen Geist über sie kommen liesse!**   *4. Mose 11,29*
Ihr werdet die Kraft des Heiligen Geistes empfangen, der auf euch kommen wird.
Apostelgeschichte 1,8
Freut euch, ihr Christen, nehmt wahr, was Gott verheisst, dass wir im Dunkel nicht treiben: Wahrheit und Licht und die Kraft, durch seinen Geist in seiner Liebe zu bleiben.
BG 241,9   Gerhard Hopfer
Kolosser 1,9–14   Sacharja 2,1–9

4. Donnerstag   **Kinder, die das Gesetz nicht kennen, sollen es auch hören und lernen, den HERRN, euren Gott, zu fürchten alle Tage.**   *5. Mose 31,13*
Ihr Väter, reizt eure Kinder nicht zum Zorn, sondern lasst sie aufwachsen in der Erziehung und Zurechtweisung des Herrn.   *Epheser 6,4*

Überall auf der Erde herrscht ein schrecklicher Hunger nach Liebe. Tragt deshalb das Gebet in eure Familien, zu euren kleinen Kindern. Lehrt sie beten. Denn ein Kind, das betet, ist ein glückliches Kind. Eine Familie, die betet, ist eine geeinte Familie. Mutter Teresa
1. Thessalonicher 5,1–6   Sacharja 2,10–17

5. Freitag **HERR, zeige uns deine Gnade und gib uns dein Heil!** *Psalm 85,8*
Das Heil kommt von den Juden. *Johannes 4,22*
O komm, du Sohn aus Davids Stamm, du Friedensbringer, Osterlamm. Von Schuld und Knechtschaft mach uns frei und von des Bösen Tyrannei. Freut euch, freut euch, der Herr ist nah. Freut euch und singt Halleluja.
BG 144,2   John Mason Neale/Otmar Schulz
Hesekiel 37,24–28   Sacharja 3,1–10

6. Samstag **O HERR, hilf! O HERR, lass wohlgelingen!** *Psalm 118,25*
Der heilige Geist sprach: Bestimmt mir den Barnabas und den Saulus für das Werk, zu dem ich sie berufen habe. Da fasteten und beteten sie, legten ihnen die Hände auf und liessen sie gehen.
Apostelgeschichte 13,2–3
Geist kannst du nicht sehen; doch hör, wie er spricht tief im Herzen Worte voller Trost und Licht.
516,2   Anders Frostenson/Markus Jenny
Philipper 1,3–11   Sacharja 4,1–14

2. SONNTAG IM ADVENT

Seht auf und erhebt eure Häupter, weil sich eure Erlösung naht. *Lukas 21,28*
Lesungen: Jakobus 5,7–8(9–11)   Jesaja 63,15–64,3
1. Samuel 2,1–10
Predigtvorschlag: Lukas 21,25–33

7. Sonntag   **Der HERR richtet auf, die niedergeschlagen sind.** *Psalm 146,8*

Wahrlich, wahrlich, ich sage euch: Ihr werdet weinen und klagen, aber die Welt wird sich freuen; ihr werdet traurig sein, doch eure Traurigkeit soll zur Freude werden. *Johannes 16,20*

Das schreib dir in dein Herze, du hochbetrübtes Heer, bei denen Gram und Schmerze sich häuft je mehr und mehr: Seid unverzagt, ihr habet die Hilfe vor der Tür; der eure Herzen labet und tröstet, steht allhier.
367,6   Paul Gerhardt

8. Montag   **Du wirst mit deinem Gott zurückkehren. Halte fest an Liebe und Recht und hoffe stets auf deinen Gott!** *Hosea 12,7*

Paulus schreibt: **Christus Jesus ist in die Welt gekommen, um Sünder zu retten – unter ihnen bin ich der erste. Doch eben darum habe ich Erbarmen gefunden: An mir als Erstem sollte Christus Jesus die ganze Fülle seiner Geduld zeigen, beispielhaft für alle, die künftig an ihn glauben und so ewiges Leben finden.** *1. Timotheus 1,15–16*

Gott, schon den Anfang hast du begleitet. Du gehst den Weg mit uns durch die Zeit. Wir trauen dem, was du uns bereitest: Wachsen im Glauben zur Ewigkeit.
Silke und Reinhard Lehmann

Jesaja 25,1–5   Sacharja 5,1–11

9. Dienstag **Ich will euch tragen, bis ihr grau werdet. Ich habe es getan; ich will heben und tragen und erretten.** *Jesaja 46,4*

Unterstütze die Witwen, die alleinstehend sind.
1. Timotheus 5,3

Gott segne die Jahre deines Lebens. Gott schaue freundlich auf die Jahre der Fülle und die Jahre der Not. Gott hege und bewahre deine Träume und Hoffnungen. Gott streichle sanft über deine faltigen Wangen. Gott heile alle deine Verwundungen. Gott nehme dich liebevoll in die Arme. Gott führe dich in das Reich der Liebe. Hanna Strack

Offenbarung 2,1–7   Sacharja 6,1–8

10. Mittwoch **Du bist gross, Herr HERR! Denn es ist keiner wie du, und ist kein Gott ausser dir nach allem, was wir mit unsern Ohren gehört haben.**
2. Samuel 7,22

Ich bin das A und das O, der Erste und der Letzte, der Anfang und das Ende. *Offenbarung 22,13*

Dezember

Gross ist unser Gott, Herr der Ewigkeit. Er allein regiert über Raum und Zeit. Souverän herrscht er, Schöpfer dieser Welt, der in seiner Hand unser Schicksal hält. Sein Wort gilt für alle Zeit. Sein Reich kommt in Herrlichkeit. Wir stehn staunend, Gott, vor dir, unser Vater.
Lothar Kosse

2. Korinther 5,1–10   Sacharja 6,9–15

11. Donnerstag **Ich habe dich je und je geliebt, darum habe ich dich zu mir gezogen aus lauter Güte.**
Jeremia 31,3

Also hat Gott die Welt geliebt, dass er seinen eingeborenen Sohn gab, auf dass alle, die an ihn glauben, nicht verloren werden, sondern das ewige Leben haben. *Johannes 3,16*

Nichts, nichts hat dich getrieben zu mir vom Himmelszelt als das geliebte Lieben, womit du alle Welt in ihren tausend Plagen und grossen Jammerlast, die kein Mund kann aussagen, so fest umfangen hast.
367,5   Paul Gerhardt

Jeremia 31,1–7   Sacharja 7,1–14

12. Freitag **Ach dass du den Himmel zerrissest und führest herab!** *Jesaja 63,19*

Der Engel sprach zu Maria: **Siehe, du wirst schwanger werden und einen Sohn gebären, dem sollst du den Namen Jesus geben. Der wird gross sein und Sohn des Höchsten genannt werden.** *Lukas 1,31–32*

Dezember

Seht, die gute Zeit ist nah, Gott kommt auf die Erde, kommt und ist für alle da, kommt, dass Friede werde. Hirt und König, Gross und Klein, Kranke und Gesunde, Arme, Reiche lädt er ein, freut euch auf die Stunde.
BG 150,1–2 Friedrich Walz
Lukas 22,66–71 Sacharja 8,1–13

13. Samstag Siehe, es kommt die Zeit, spricht der HERR, dass die Stadt für den HERRN wieder gebaut werden wird. *Jeremia 31,38*

Und ich sah die heilige Stadt: das neue Jerusalem. Sie kam von Gott aus dem Himmel herab – für die Hochzeit bereit wie eine Braut, die sich für ihren Mann geschmückt hat. Und ich hörte eine laute Stimme vom Thron her rufen: Sieh her: Gottes Wohnung ist bei den Menschen! *Offenbarung 21,2–3*

Ich will bei euch wohnen; ihr sollt zu Hause sein. Das Leben wird sich lohnen, wenn wir zusammen wohnen. Es wird ein Segen sein.
BG 356,1 Fritz Baltruweit
1. Thessalonicher 4,13–18 Sacharja 8,14–23

---

3. SONNTAG IM ADVENT

Bereitet dem HERRN den Weg; denn siehe, der HERR kommt gewaltig. *Jesaja 40,3.10*
Lesungen: Lukas 1,67–79 1. Korinther 4,1–5
Jesaja 40,1–11 Lukas 1,46–55
Predigtvorschlag: Lukas 3,(1–2)3–14(15–17)18(19–20)

Dezember

14. Sonntag   Wenn ich rufe zu dir, HERR, mein Fels, so schweige mir nicht.   *Psalm 28,1*

Der Hauptmann bat Jesus: **Sprich nur ein Wort, und mein Knecht wird gesund.**   *Lukas 7,7*

Für alle Menschen beten wir, o Vater, wie für uns zu dir: Gib, der du aller Vater bist, gib jedem, was ihm heilsam ist.
293,1   Johann Andreas Cramer/Albert Knapp

15. Montag   Er ist um unsrer Missetat willen verwundet und um unsrer Sünde willen zerschlagen.
Jesaja 53,5

Gott hat auch seinen eigenen Sohn nicht verschont, sondern hat ihn für uns alle dahingegeben – wie sollte er uns mit ihm nicht alles schenken?
Römer 8,32

Gelobet sei der Herr, mein Gott, mein Heil, mein Leben, des Vaters liebster Sohn, der sich für mich gegeben, der mich erlöset hat mit seinem teuren Blut, der mir im Glauben schenkt das allerhöchste Gut.
239,2   Johann Olearius

Matthäus 3,1–6   Sacharja 9,9–12

16. Dienstag   Sei nur stille zu Gott, meine Seele; denn er ist meine Hoffnung.   *Psalm 62,6*

Wir warten auf die selige Hoffnung und Erscheinung der Herrlichkeit des grossen Gottes und unseres Heilands, Jesus Christus.   *Titus 2,13*

So hör die frohe Kunde: Dein Heiland ist ganz nah. Erkenne doch die Stunde, sie kommt und ist bald da. Sieh seinen hellen Stern, er leuchtet durch die Zeiten, drum hilf den Weg bereiten dem königlichen Herrn.
BG 149,4 Helene Marx
Matthäus 3,7–12   Sacharja 12,9–13,1

17. Mittwoch **Weh denen, die Böses gut und Gutes böse nennen, die aus Finsternis Licht und aus Licht Finsternis machen!** *Jesaja 5,20*

Lass dich nicht vom Bösen überwinden, sondern überwinde das Böse mit Gutem. *Römer 12,21*

O lass dein Licht auf Erden siegen, die Macht der Finsternis erliegen und lösch der Zwietracht Glimmen aus, dass wir, die Völker und die Thronen, einträchtig beieinander wohnen in deines grossen Vaters Haus.
371,6 Friedrich Rückert
Zefanja 3,14–20   Sacharja 14,1–11

18. Donnerstag **Bessert euer Leben und euer Tun, so will ich euch wohnen lassen an diesem Ort.**
Jeremia 7,3

Bemüht euch deshalb nach Kräften, dass zu eurem Glauben das richtige Verhalten kommt. Zum richtigen Verhalten soll die Erkenntnis kommen, zur Erkenntnis die Selbstbeherrschung, zur Selbstbeherrschung die Standhaftigkeit, zur Standhaftigkeit die Ausübung des Glaubens, zur Ausübung des Glaubens die geschwisterliche Liebe und zur geschwisterlichen Liebe die Liebe überhaupt. *2. Petrus 1,5–7*

Dezember

Er kommt auch noch heute und lehret die Leute, wie sie sich von Sünden zur Buss sollen wenden, von Irrtum und Torheit treten zu der Wahrheit.
BG 135,2 Böhmische Brüder
2. Korinther 1,18–22   Maleachi 1,1–5

19. Freitag   **Es ist kein Fels, wie unser Gott ist.**
1. Samuel 2,2
Werdet stark durch eure Verbundenheit mit dem Herrn. Lasst euch stärken durch seine Kraft.
Epheser 6,10
Stern, auf den ich schaue, Fels, auf dem ich steh, Führer, dem ich traue, Stab, an dem ich geh, Brot, von dem ich lebe, Quell, an dem ich ruh, Ziel, das ich erstrebe, alles, Herr, bist du.
BG 471,1   Cornelius Friedrich Adolf Krummacher
Jesaja 11,10–13   Maleachi 1,6–14

20. Samstag   **Josef tröstete seine Brüder und redete freundlich mit ihnen.**   *1. Mose 50,21*
Seid untereinander freundlich und herzlich und vergebt einer dem andern, wie auch Gott euch vergeben hat in Christus.   *Epheser 4,32*
Herr, gib du uns Augen, die den Nachbarn sehn, Ohren, die ihn hören und ihn auch verstehn. Hände, die es lernen, wie man hilft und heilt; Füsse, die nicht zögern, wenn die Hilfe eilt. Herzen, die sich freuen, wenn ein andrer lacht; einen Mund zu reden, was ihn glücklich macht.   Friedrich Walz
Jeremia 30,8–11a   Maleachi 2,1–9

4. SONNTAG IM ADVENT

Freuet euch in dem Herrn allewege, und abermals sage ich: Freuet euch! Der Herr ist nahe! *Philipper 4,4.5b*
Lesungen: Lukas 1,26–38(39–56)
Philipper 4,4–7   Jesaja 62,1–5   Lukas 1,68–79
Predigtvorschlag: 2. Korinther 1,18–22

21. Sonntag **Meine Hand hat alles gemacht, was da ist, spricht der HERR. Ich sehe aber auf den Elenden und auf den, der zerbrochenen Geistes ist und der erzittert vor meinem Wort.** *Jesaja 66,2*

Als aber erschien die Freundlichkeit und Menschenliebe Gottes, unseres Heilands, machte er uns selig – nicht um der Werke willen, die wir in Gerechtigkeit getan hätten, sondern nach seiner Barmherzigkeit. *Titus 3,4–5*

Erinnere mich vor allem daran, heiliger und barmherziger Gott, dass es im Advent um dich geht, um deine Herrschaft über alle Welt. Erinnere mich daran, wie du in die Weltgeschichte eingegriffen hast und dass du Zeit und Raum in deiner Hand hältst. Iona Community

22. Montag **Weh dem, der sein Gut mehrt mit fremdem Gut – wie lange wird's währen?**
Habakuk 2,6

Jesus spricht: **Wer im Geringsten treu ist, der ist auch im Grossen treu; und wer im Geringsten ungerecht ist, der ist auch im Grossen ungerecht.**
Lukas 16,10

Dezember

Du bist nicht, Gott, wo Unrecht geschieht. Es sei denn auf der Seite der Benachteiligten. Du bist nicht, Gott, wo man auf Kosten anderer lebt. Es sei denn auf der Seite der Armen. Du bist nicht, Gott, wo man die Güter des Lebens anhäuft. Es sei denn auf der Seite der Ausgeschlossenen. Darum will ich dich suchen in der Gerechtigkeit und bei den Benachteiligten, Armen, Ausgeschlossenen. Anton Rotzetter
Offenbarung 22,(12–14)16.17.20.21   Maleachi 2,10–16

23. Dienstag **Sei getrost, alles Volk im Lande, spricht der HERR, und arbeitet! Denn ich bin mit euch.** *Haggai 2,4*

Wer da kärglich sät, der wird auch kärglich ernten; und wer da sät im Segen, der wird auch ernten im Segen. *2. Korinther 9,6*

Wohltun geschieht in all den Dingen des täglichen Lebens. Dietrich Bonhoeffer
Jesaja 7,10–14   Maleachi 2,17–3,12

HEILIGER ABEND

Fürchtet euch nicht! Siehe, ich verkündige euch grosse Freude, die allem Volk widerfahren wird; denn euch ist heute der Heiland geboren, welcher ist Christus, der Herr, in der Stadt Davids. *Lukas 2,10b.11*
Lesungen: Lukas 2,1–20   Galater 4,4–7
Jesaja 9,1–6   Maleachi 3,13–24
Predigtvorschlag: Hesekiel 37,24–28

24. Mittwoch **Gerechtigkeit und Recht sind deines Thrones Stütze, Gnade und Treue treten vor dein Angesicht.** *Psalm 89,15*

Das Wort ward Fleisch und wohnte unter uns, und wir sahen seine Herrlichkeit, eine Herrlichkeit als des eingeborenen Sohnes vom Vater, voller Gnade und Wahrheit. *Johannes 1,14*

Friedensfürst, du bist geboren, Sonne der Gerechtigkeit. Du bringst denen, die verloren, Leben, Licht und Herrlichkeit. Christus hat sich hingegeben, schenkt uns Heil und neues Leben. Von dem Tod sind wir befreit, neu geborn in Ewigkeit. Hört es, freut euch überall: Gott wird Mensch, ein Kind im Stall.
BG 175,3   Charles Wesley/George Whitefield/
Armin Jetter/Ulrike Voigt

WEIHNACHTSFEST

Das Wort ward Fleisch und wohnte unter uns, und wir sahen seine Herrlichkeit. *Johannes 1,14a*
Lesungen: Johannes 1,1–5.9–14(16–18)
Jesaja 52,7–10   Psalm 2
Predigtvorschlag: Titus 3,4–7

25. Donnerstag **Bringe uns, Herr, zu dir zurück, dass wir wieder heimkommen; erneure unsre Tage wie vor alters!** *Klagelieder 5,21*

Euch ist heute der Heiland geboren, welcher ist Christus, der Herr, in der Stadt Davids. *Lukas 2,11*

Dezember

Sieh nicht an, was du selber bist in deiner Schuld und Schwäche. Sieh den an, der gekommen ist, damit er für dich spreche. Sieh an, was dir heut widerfährt, heut, da dein Heiland eingekehrt, dich wieder heimzubringen auf adlerstarken Schwingen.
BG 207,1   Jochen Klepper

2. WEIHNACHTSTAG
Lesungen: Hebräer 1,1–4(5–14)   Jesaja 7,10–14
Lukas 2,29–32
Predigtvorschlag: Matthäus 1,18–25

STEPHANUSTAG
Der Tod seiner Heiligen wiegt schwer vor dem HERRN. Dir will ich Dankopfer bringen und des HERRN Namen anrufen.   *Psalm 116,15.17*
Lesungen: Matthäus 10,16–22
Apostelgeschichte 6,8–15; 7,(1–54)55–60
2. Chronik 24,19–21   Lukas 2,29–32
Predigtvorschlag: Hebräer 10,32–39

26. Freitag **Die Gebote des HERRN sind lauter und erleuchten die Augen.**   *Psalm 19,9*

Alle, die im Hohen Rat sassen, blickten auf Stephanus und sahen sein Angesicht wie eines Engels Angesicht.   *Apostelgeschichte 6,15*

Das ewig Licht geht da herein, gibt der Welt ein' neuen Schein; es leucht' wohl mitten in der Nacht und uns des Lichtes Kinder macht. Kyrieleis.
392,4   Martin Luther

27. Samstag **Ich gehe einher in der Kraft Gottes des HERRN; ich preise deine Gerechtigkeit allein.**
Psalm 71,16
Denen aber, die berufen sind, Juden und Griechen, predigen wir Christus als Gottes Kraft und Gottes Weisheit. *1. Korinther 1,24*
Du Geist der Gnad und Wahrheit, den Christi Wort verheisst, mit deines Lichtes Klarheit durchdringe meinen Geist. Durch dich allein getrieben kann wahres Heil gedeihn; komm, flösse Gottes Liebe und Gottes Kraft mir ein.
BG 707,1 Karl Bernhard Garve
Johannes 21,20–24   Johannes 1,1–5

---

1. SONNTAG NACH WEIHNACHTEN

Wir sahen seine Herrlichkeit, eine Herrlichkeit als des eingeborenen Sohnes vom Vater, voller Gnade und Wahrheit. *Johannes 1,14b*
Lesungen: Lukas 2,(22–24)25–38(39–40)
1. Joh.1,1–4   Jesaja 49,13–16   Joh. 1,6–8
Predigtvorschlag: Hiob 42,1–6

---

28. Sonntag **Siehe, wie fein und lieblich ist's, wenn Brüder einträchtig beieinander wohnen! Denn dort verheisst der HERR Segen und Leben bis in Ewigkeit.** *Psalm 133,1.3*
Ehre sei Gott in der Höhe und Friede auf Erden bei den Menschen seines Wohlgefallens. *Lukas 2,14*
Gott braucht Menschen, um Mensch zu werden. So war es damals. So ist es bis heute. Inge Müller

Dezember

29. Montag

Du, HERR, sei nicht ferne; meine Stärke, eile, mir zu helfen! *Psalm 22,20*

Die Kraft des Herrn war mit Jesus, dass er heilen konnte. *Lukas 5,17*

Und wieder leuchtet uns der Stern zum Zeichen, was geschah. Die Macht des Guten bleibt nicht fern und kommt uns menschlich nah, und kommt uns menschlich nah.
BG 206,1 Detlev Block

1. Johannes 4,12–16a   Johannes 1,9–13

30. Dienstag

Der HERR sprach zu Mose: Du hast Gnade vor meinen Augen gefunden, und ich kenne dich mit Namen. *2. Mose 33,17*

Das Fundament Gottes wankt nicht, und es trägt das Siegel mit der Aufschrift: Der Herr kennt die Seinen. *2. Timotheus 2,19*

Bist du der eignen Rätsel müd? Es kommt, der alles kennt und sieht! Er sieht dein Leben unverhüllt, zeigt dir zugleich dein neues Bild. Weil Gott in tiefster Nacht erschienen, kann unsre Nacht nicht traurig sein!
421,2–3 Dieter Trautwein

Jesaja 63,7–14   Johannes 1,14–18

ALTJAHRSABEND

Meine Zeit steht in deinen Händen. *Psalm 31,16a*
Lesungen: Matthäus 13,24–30   Römer 8,31b–39
Prediger 3,1–15   Psalm 29
Predigtvorschlag: Hebräer 13,8–9b

31. Mittwoch   Der HERR schafft deinen Grenzen Frieden. *Psalm 147,14*

Selig sind, die Frieden stiften; denn sie werden Gottes Kinder heissen. *Matthäus 5,9*

Ich stehe unter Gottes Schutz, ich weiss das – seit geraumer Zeit. ER nahm den Gram und das Bittere aus meinem Wesen und machte mich fröhlich. Und ich will hingehen, alle anzustecken mit Freude und Freundlichkeit, auf dass die Erde Heimat wird für alle Welt durch seinen Frieden und unseren Glauben. Schalom in Dorf und Stadt!   Hanns Dieter Hüsch

KONTAKTE
ZUR HERRNHUTER BRÜDERGEMEINE

Wenn Sie Informationen über die Losungen hinaus erhalten möchten, finden Sie hier einige hilfreiche Kontaktangaben.

**Herrnhuter Brüdergemeine in der Schweiz,
auch Losungen/
Église morave en Suisse romande,
auch paroles et textes/
Herrnhuter Mission, Trägerverein von mission 21**
Sekretariat
Leimenstrasse 10, 4051 Basel
Tel. 061 273 40 70
E-Mail: info@herrnhuter.ch
www.herrnhuter.ch

**Herrnhuter Brüdergemeine/
Evangelische Brüder-Unität**
Zittauer Strasse 20, D-02747 Herrnhut
Tel. +49 35873/487-0
E-Mail: info@ebu.de
Badwasen 6, D-73087 Bad Boll
Tel. +49 7164/9421-0
E-Mail: brueder-unitaet.bb@ebu.de

Evangelische Broedergemeente
Zusterplein 20, NL-3703 CB Zeist,
Tel. +31 30 692 48 33
E-Mail: provinciaalbestuur@ebg.nl

Internetseiten: www.herrnhuter.de,
www.losungen.de

UNITÄTSGEBETSWACHT

In der Brüdergemeine hat sich eine besondere Form der Verbundenheit im Gebet über Länder- und Kulturgrenzen hinweg entwickelt, die Unitätsgebetswacht. Schon im alten Herrnhut wurde das Stundengebet geübt. Dieses wurde 1957 wieder belebt. An diesem Gebet sind alle Gebiete der Brüder-Unität beteiligt in Form einer Gebetskette das Jahr hindurch. Die Übersicht zeigt den Verlauf dieser Kette durch das Jahr und damit auch die Verbreitung der Kirche.

1.–18. Januar: USA, Südprovinz • **19. Januar–23. Januar:** Costa Rica • **24.–31. Januar:** Guyana • **1.–3. Februar:** Tschechische Republik, Missionsprovinz • **4.–7. Februar:** Tschechische Republik, Unitätsprovinz • **8.–25. Februar:** Surinam • **26. Februar–14. März:** Tansania, Westprovinz • **15.–22. März:** Alaska • **23. März–2. April:** Europäisch-Festländische Brüder-Unität und Unitätswerk auf dem Sternberg • **3.–17. April:** Westindien-Ost • **18.–19. April:** Labrador • **20. April–7. Mai:** Jamaika • **8.–25. Mai:** Honduras, Unitätsprovinz • **26.–31. Mai:** Honduras, Missionsprovinz • **1.–25. Juni:** Südafrika • **26. Juni–9. Juli:** Grossbritannien und Missionsgebiet in Nordindien und Nepal • **10.–23. Juli:** Tansania, Rukwa-Provinz • **24.–31. Juli:** Tansania, Ostprovinz • **1.–9. August:** Tansania, Provinz am Tanganyikasee • **10.–16. August:** Burundi • **17. August–6. September:** Tansania, Südprovinz • **7. September–5. Oktober:** Nikaragua • **6.–10. Oktober:** Tansania, Nordprovinz • **11.–16. Oktober:** Kuba • **17.–22. Oktober:** Malawi • **23.–25. Oktober:** Sambia • **26. Oktober–30. November:** Tansania, Südwestprovinz • **1.–22. Dezember:** USA, Nordprovinz • **23.–31. Dezember:** Kongo

THEMEN FÜR DAS TÄGLICHE GEBET

Sonntag: *Christus, unser Retter – Dir sei Lob*
Beten wir für die weltweite Kirche und die Einheit im Geist bei allen, die den Namen Christi bekennen in den unterschiedlichen Konfessionen. Lasst uns für die Heiligung des Sonntags beten und für diejenigen, die sich an diesem Tag im Namen Jesu Christi versammeln.

Montag: *Christus, der Weg, die Wahrheit und das Leben*
Weil Christus in uns ist und wir in ihm und im Vater, lasst uns Gott bitten, die Arbeit dieser Woche zu segnen. Lasst uns beten für die Verkündigung des Evangeliums bei den vielen, die Christus nicht kennen, und für das Wachsen des Reiches Gottes. Beten wir, dass Gott die Türen für das Zeugnis des Glaubens und der Liebe öffnet. Lasst uns um geistliches Wachstum in den Gemeinden bitten.

Dienstag: *Christus, du bist der Hirte, Quelle und Brot des Lebens*
Lasst uns für Familien, Kindergärten, Schulen und Heime beten. Bitten wir, dass unsere Kinder behütet aufwachsen und ihnen Christus liebevoll nahegebracht wird. Lasst uns für alle beten, die unter der Jugend arbeiten. Bitten wir um Geduld, Vertrauen und Frieden in unseren Häusern und am Arbeitsplatz, tägliches Brot für alle.

Mittwoch: *Christus, du bist uns Freund, Bruder, du bist der Herr*
Lasst uns für unsere Freunde, Nachbarn und Arbeitskollegen beten, für alle, mit denen wir in unseren täglichen Beziehungen zu tun haben. Lasst uns Fürbitte halten für alle, die körperlich oder seelisch leiden, für die Schwachen, die Einsamen, die Angefochtenen und die Trauernden, die Opfer von Unterdrückung und Gewalt.

Donnerstag: *Christus, du speist die Armen, du heilst die Kranken*
Beten wir für diejenigen, die in unserer Mitte Verantwortung tragen und die Völker führen, dass Gott sie inspiriert und dass ihre Macht Händen dem Frieden und dem Wohl aller dient. Lasst uns für unser Dorf, unsere Stadt beten. Beten wir um Gottes Segen für ehrliche und gerechte Arbeit. Beten wir für die Menschen auf der Flucht. Lasst uns Fürbitte halten für alle, die sich bemühen, menschliches Elend zu lindern und Gottes Wahrheit den Mächten des Bösen entgegenzusetzen. Beten wir für die Bewahrung von Gottes Schöpfung.

Freitag: *Christus, du bist der Leidende, der Unerkannte, der Gekreuzigte*
Beten wir für unsere Gemeinde, für unsere Gruppe, für unseren Kreis. Bitten wir, dass der Geist Gottes die Mitglieder beseelt und dass sie dem Wort Gottes treu bleiben. Beten wir für alle, die darin arbeiten, für alle, die sich auf ihren Dienst vorbereiten. Bitten wir um Bereitschaft zur Mitarbeit als Haushalter Gottes. Beten wir dafür, dass geschwisterliche Liebe unter uns regiert.

Samstag: *Christus, du bist der Auferstandene, du bist der Sieger*
Lasst uns danken für Gottes Gaben und Geleit durch die Woche. Bitten wir um Vergebung für die Untreue, Unterlassungen und Übertretungen in der Woche. Beten wir für Israel, das Volk des ersten Bundes. Bitten wir Gott um Segen für den Sonntag zu segnen. Bitten wir Ihn, seine Kirche vorzubereiten auf Christi Wiederkunft und unser Eingehen in die ewige Ruhe. Beten wir um Freude auf die ewige Herrlichkeit.

Herrnhuter Sterne – Symbol des Advents

Bitte beachten: Die Sterne werden grundsätzlich **ohne Beleuchtung** geliefert. Die dazu gehörige elektrische Installation oder ein Netzgerät (ausser bei der Lichterkette) müssen separat bestellt werden.

Sterne aus **Papier,** Farben: Weiss, Rot, Gelb, Weiss/Rot oder Gelb/Rot
Ø 40 cm	CHF 35.–
Ø 60 cm	CHF 37.–
Ø 70 cm	CHF 39.–
Ø 80 cm	CHF 41.–

Wetterfeste Sterne aus Plastik, Farben: Weiss, Gelb oder Rot
Ø 40 cm	CHF 60.–
Ø 70 cm	CHF 75.–
Ø 130 cm «Kirchenstern»	CHF 300.–

Sterne aus **Plastik** für innen, Farben: Weiss, Rot, Gelb, Weiss/Rot oder Gelb/Rot
Ø 13 cm, montiert (mit LED)	CHF 20.–
Lichterkette mit 10 Sternen à Ø 13 cm, Farben: Weiss oder Gelb für innen und aussen (mit LED)	CHF 170.–

Installation/Beleuchtung
Installation für Papiersterne (4 m Kabel, Fassung E 14, LED-Birne)	CHF 18.–
Installation für wetterfeste Sterne (5 m Kabel, Fassung E 27, LED-Birne)	CHF 24.–
Installation für Kirchensterne (10 m Kabel, Fassung E 27, LED-Birne)	CHF 36.–
Netzgerät für Sterne Ø 13 cm	
für bis zu zwei Sterne	CHF 10.–
für bis zu vier Sterne	CHF 12.–

Bestelladresse:
Herrnhuter Brüdergemeine in der Schweiz
Leimenstrasse 10
4051 Basel
Tel. 061 273 40 70
Fax 061 273 40 73
E-Mail: info@herrnhuter.ch

Alle Preise gelten vorbehaltlich einer Preisänderung und zuzüglich eines Versandkostenanteils.

Kalendarium 2025

JANUAR

1	Neujahr	
2	Do	
3	Fr	
4	Sa	
5	**2. So. n. Weihnachten**	2
6	Epiphanias	●
7	Di	
8	Mi	
9	Do	
10	Fr	
11	Sa	
12	**1. So. n. Epiphanias**	3
13	Mo	☽
14	Di	
15	Mi	
16	Do	
17	Fr	
18	Sa	
19	**2. So. n. Epiphanias**	4
20	Mo	☾
21	Di	
22	Mi	
23	Do	
24	Fr	
25	Sa	
26	**3. So. n. Epiphanias**	5
27	Mo	
28	Di	
29	Mi	●
30	Do	
31	Fr	

FEBRUAR

1	Sa	
2	**Letzter Sonntag n. Epiphanias**	6
3	Mo	
4	Di	
5	Mi	●
6	Do	
7	Fr	
8	Sa	
9	**4. So vor der Passionszeit**	7
10	Mo	
11	Di	
12	Mi	☽
13	Do	
14	Fr	
15	Sa	
16	**Septuagesimae**	8
17	Mo	
18	Di	
19	Mi	
20	Do	☾
21	Fr	
22	Sa	
23	**Sexagesimae**	9
24	Mo	
25	Di	
26	Mi	
27	Do	
28	Fr	●

MÄRZ

1	Sa	
2	**Estomihi**	
3	Mo	
4	Di	
5	**Beginn der Passionszeit**	
6	Do	
7	**Weltgebetstag**	
8	Sa	
9	**Invocavit**	
10	Mo	
11	Di	
12	Mi	
13	Do	
14	Fr	☽
15	Sa	
16	**Reminiscere**	
17	Mo	
18	Di	
19	Mi	
20	Do	
21	Fr	☾
22	Sa	
23	**Oculi**	
24	Mo	
25	Di	
26	Mi	
27	Do	
28	Fr	
29	Sa	●
30	**Laetare**	
31	Mo	

APRIL

1	Di	
2	Mi	
3	Do	
4	Fr	
5	Sa	
6	**Judica**	
7	Mo	●
8	Di	
9	Mi	
10	Do	
11	Fr	
12	Sa	
13	**Palmsonntag**	
14	Mo	
15	Di	
16	Mi	
17	**Gründonnerstag**	
18	**Karfreitag**	
19	Sa	
20	**Osterfest**	
21	**Ostermontag**	
22	Di	☾
23	Mi	
24	Do	
25	Fr	
26	Sa	
27	**Quasimodogeniti**	
28	Mo	
29	Di	
30	Mi	

MAI

1	Do	
2	Fr	
3	Sa	
4	**Misericordias Domini**	●
5	Mo	
6	Di	
7	Mi	
8	Do	
9	Fr	
10	Sa	
11	**Jubilate**	
12	Mo	☽
13	Di	
14	Mi	
15	Do	
16	Fr	
17	Sa	
18	**Cantate**	
19	Mo	
20	Di	☾
21	Mi	
22	Do	
23	Fr	
24	Sa	
25	**Rogate**	
26	Mo	●
27	Di	
28	Mi	
29	**Himmelfahrt**	
30	Fr	
31	Sa	

JUNI

1	**Exaudi**	
2	Mo	
3	Di	
4	Mi	
5	Do	
6	Fr	
7	Sa	
8	**Pfingstfest**	
9	**Pfingstmontag**	
10	Di	
11	Mi	☽
12	Do	
13	Fr	
14	Sa	
15	**Trinitatis**	
16	Mo	
17	Di	
18	Mi	☾
19	**Fronleichnam**	
20	Fr	
21	Sa	
22	**1. So. n. Trinitatis**	
23	Mo	
24	**Johannistag**	
25	Mi	●
26	Do	
27	Fr	
28	Sa	
29	**2. So. n. Trinitatis**	
30	Mo	

Kalendarium 2025

JULI
1 Di
2 Mi
3 Do
4 Fr
5 Sa
6 **3. So. n. Trinitatis** 28
7 Mo
8 Di
9 Mi
10 Do
11 Fr
12 Sa
13 **4. So. n. Trinitatis** 29
14 Mo
15 Di
16 Mi
17 Do
18 Fr
19 Sa
20 **5. So. n. Trinitatis** 30
21 Mo
22 Di
23 Mi
24 Do
25 Fr
26 Sa
27 **6. So. n. Trinitatis** 31
28 Mo
29 Di
30 Mi
31 Do

AUGUST
1 Fr
2 Sa
3 **7. So. n. Trinitatis** 32
4 Mo
5 Di
6 Mi
7 Do
8 Fr
9 Sa
10 **8. So. n. Trinitatis** 33
11 Mo
12 Di
13 Mi
14 Do
15 Fr
16 Sa
17 **9. So. n. Trinitatis** 34
18 Mo
19 Di
20 Mi
21 Do
22 Fr
23 Sa
24 **10. So. n. Trinitatis** 35
25 Mo
26 Di
27 Mi
28 Do
29 Fr
30 Sa
31 **11. So. n. Trinitatis** 36

SEPTEMBER
1 Mo
2 Di
3 Mi
4 Do
5 Fr
6 Sa
7 **12. So. n. Trinitatis** 37
8 Mo
9 Di
10 Mi
11 Do
12 Fr
13 Sa
14 **13. So. n. Trinitatis** 38
15 Mo
16 Di
17 Mi
18 Do
19 Fr
20 Sa
21 **14. So. n. Trinitatis** 39
22 Mo
23 Di
24 Mi
25 Do
26 Fr
27 Sa
28 **15. So. n. Trinitatis** 40
29 **Michaelistag**
30 Di

OKTOBER
1 Mi
2 Do
3 Fr
4 Sa
5 **16. So. n. Trinitatis** 41
6 Mo
7 Di
8 Mi
9 Do
10 Fr
11 Sa
12 **17. So. n. Trinitatis** 42
13 Mo
14 Di
15 Mi
16 Do
17 Fr
18 Sa
19 **18. So. n. Trinitatis** 43
20 Mo
21 Di
22 Mi
23 Do
24 Fr
25 Sa
26 **19. So. n. Trinitatis** 44
27 Mo
28 Di
29 Mi
30 Do
31 **Reformationstag**

NOVEMBER
1 Sa
2 **20. So. n. Trinitatis** 45
3 Mo
4 Di
5 Mi
6 Do
7 Fr
8 Sa
9 **Drittletzter So. im Kirchenjahr** 46
10 Mo
11 Di
12 Mi
13 Do
14 Fr
15 Sa
16 **Vorletzter So. im Kirchenjahr** 47
17 Mo
18 Di
19 **Buss- und Bettag**
20 Do
21 Fr
22 Sa
23 **Ewigkeitssonntag** 48
24 Mo
25 Di
26 Mi
27 Do
28 Fr
29 Sa
30 **1. Advent** 49

DEZEMBER
1 Mo
2 Di
3 Mi
4 Do
5 Fr
6 Sa
7 **2. Advent** 50
8 Mo
9 Di
10 Mi
11 Do
12 Fr
13 Sa
14 **3. Advent** 51
15 Mo
16 Di
17 Mi
18 Do
19 Fr
20 Sa
21 **4. Advent** 52
22 Mo
23 Di
24 **Heiliger Abend**
25 **Weihnachtsfest**
26 **Stephanustag**
27 Sa
28 **1. So. n. Weihnachten** 1
29 Mo
30 Di
31 **Altjahrsabend**